Kritik des Zeitstudienverfahrens

Eine Untersuchung
der Ursachen, die zu einem Mißerfolg
des Zeitstudiums führen

Von

I. M. Witte

Mit 2 Tafeln

Berlin
Verlag von Julius Springer
1921

ISBN-13: 978-3-642-94133-7 e-ISBN-13: 978-3-642-94533-5
DOI: 10.1007/978-3-642-94533-5

Vorwort.

Ich übergebe diese Arbeit der Öffentlichkeit in der Überzeugung, einer Bewegung, die machtvoll im Wachsen begriffen ist, einen Schritt weitergeholfen zu haben. Die absolute Notwendigkeit dieser Bewegung, die eine Hebung der Leistungsfähigkeit und eine Verhütung jeglicher Vergeudung auf allen Gebieten bezweckt, und die unter der Bezeichnung arbeitsparende oder wissenschaftliche Betriebsführung, mitunter auch Taylorsystem, bekannt ist, wird hier ohne weiteres als vorhanden angesehen — alle Erörterungen darüber, ob erforderlich oder überflüssig, sind von vornherein ausgeschaltet.

Bereits seit vielen Jahren beschäftige ich mich stark mit diesen Bestrebungen. Der Grundstock zu der vorliegenden Abhandlung wurde im Jahre 1914 gelegt, zu einer Zeit, als ich meine ersten praktischen Studien auf dem Gebiet der Betriebswissenschaften unter der Leitung meines Lehrers, des amerikanischen Ingenieurs Frank B. Gilbreth, und seines Stabes unternahm. Seitdem arbeitete ich ständig, teils theoretisch, teils praktisch, an diesen besonders für unsere heutige Zeit so überaus wichtigen Problemen weiter, sammelte Material und verfolgte mit Aufmerksamkeit die Entwicklung in Deutschland, Amerika und England.

Gute Beziehungen zu den maßgebenden Fachkreisen in Amerika und Deutschland erleichterten mir meine Arbeiten; ganz besonders muß ich Gilbreth und seiner Frau für die mir stets bereitwillig erteilte Auskunft und das mir gesandte Material danken, das mich über den Stand der Bewegung in den Vereinigten Staaten auf dem Laufenden hielt. — —

Ohne Zweifel gibt es auch in der betriebswissenschaftlichen Bewegung eine gewisse Philosophie, die meines Erachtens in der sowohl von Taylor als auch von Gilbreth vertretenen Anschauung des Strebens nach dem Höchsten, nach dem Besten zum Ausdruck kommt.

Das eudämonistische Optimum gilt als Ziel; überall wird das Eine Beste erstrebt; in der Industrie gilt es unter Berücksichtigung aller in Betracht zu ziehenden Faktoren, den einen besten Arbeiter heranzubilden, das eine beste Werkzeug zu ermitteln, die eine beste Art der Arbeitsverrichtung festzulegen!

Und diesem Streben nach dem einen Höchsten, Besten im allerweitesten Umfange schließe ich mich an; in diesem Streben bekenne ich mich voll und ganz als Anhänger Taylors vor allem aber Gilbreths; verkenne dabei aber keineswegs die vielerlei Mängel und Gefahren, die die Bewegung auch heute noch in sich schließt.

Sie zu erkennen, zu beseitigen und das zur Zeit mögliche Beste zu erreichen, sollte das Ziel aller ernsten am Wohl und Fortschritt der Allgemeinheit interessierten Kreise sein!

Und diesem Ziel will die nachfolgende kleine Arbeit dienen.

Berlin-Friedenau, Juni 1921.

I. M. Witte.

Inhaltsverzeichnis.

Seite:

I. Einleitung 1

II. Der Aufbau der neuzeitigen Betriebsführung . . 6

III. Das Taylorsche Zeitstudienverfahren 11

IV. Der gegenwärtige Stand der Zeitstudienbewegung in Amerika 33

V. Der gegenwärtige Stand der Zeitstudienbewegung in Deutschland 55

Anhang: Literaturverzeichnis 68

I. Einleitung.

Jeder neue Beitrag zur betriebswissenschaftlichen Literatur bedarf heute, da nachgerade auf diesem Gebiet fast eine Überproduktion zu verzeichnen ist, vielleicht einer Rechtfertigung.

Berechtigung hat aber ohne Zweifel jede Schrift, die dem Fortschritt, in diesem Fall dem industriellen Fortschritt, dient, sei es unmittelbar durch eine Bekanntgabe neuer Verfahren, neuer Vorrichtungen oder gänzlich neuer Gesichtspunkte, sei es mittelbar, indem sie Licht in bestehende Unklarheiten bringt, indem sie bestehende Unkenntnis und falsche Auffassungen beseitigt.

Und besonders dieser letzte Punkt soll die vorliegende Schrift rechtfertigen; in steter Wechselwirkung will sie dann aber auch dem ersten Erfordernis nach besten Kräften gerecht zu werden versuchen, indem sie dem Fortschritt durch neue Gesichtspunkte dient. —

Die sogenannte „Taylor-Literatur" ist riesengroß: wir haben Schriften von Taylor selbst und von vielen seiner Schüler und Nachfolger; wir verfügen über Streitschriften *für* Taylor und sein Verfahren und über Streitschriften *gegen* Taylor und sein Verfahren. Und dann haben wir noch eine Gruppe von Tayloranhängern und Taylorschriftstellern, die von der ganzen Bewegung *nur den Namen erfaßt* und sich zu eigen gemacht haben, und die dieser Bewegung durch ein wahres Umsichwerfen von „Taylorisierungen" unendlich schaden und sie mitunter an die Grenze des Lächerlichen ziehen. Diese Gruppe sei hier von Anfang an als nicht ernst zu nehmen ausgeschaltet; jede Minute auf sie verwendeter kostbarer Zeit und wertvoller Energie muß als verschwendet und vergeudet betrachtet werden!

Bücher, die von Anfang an klar und deutlich ihre Gegnerschaft gegen das System zeigen und Fehler und Mängel des Verfahrens aufdecken, können der Sache nie schaden, ihr höchstens weiterhelfen. Bücher dagegen, die unter dem Schein des Verständnisses und der Anhängerschaft und unter dem Deckmantel der Wissenschaft das System oder einzelne Teile von ihm in irreführender oder mißverständlicher Weise verkünden, sind größte Gefahr für die Sache. Auf sie muß im Hinblick auf die ungeheure Bedeutung der Bewegung hingewiesen werden. —

An Hand der im Rahmen dieser Arbeit behandelten Schriften[1]), gestützt auf praktische Erfahrungen und auf eine zum Teil persönliche Fühlungnahme mit den wohl maßgebendsten Verfechtern der neuzeitigen Betriebsführung, soll versucht werden, in streng sachlicher Weise, von dem von Taylor verkündeten System, dem Taylorsystem, ausgehend, einen Überblick über den heutigen Stand der Bewegung, vor allem über den heutigen Stand der Zeitstudienverfahren zu geben — nach Taylor das wichtigste Element, ja die Stütze jedes guten Betriebsführungssystems.

Auch heute noch wird dem sogenannten Taylorsystem in vielen Ländern heftigster Widerstand entgegengesetzt. Und unwillkürlich erheben sich da die Fragen: warum hat es die Praxis des nun bereits über fünfunddreißig Jahren in vielen Betrieben eingeführten Taylorsystemes nicht vermocht, diesen Widerstand zu brechen und die Haltlosigkeit der erhobenen Vorwürfe zu beweisen? Und ist der besonders in Deutschland so scharfe Widerstand gegen das System vielleicht nicht doch berechtigt?

Ist dieser Widerstand aber berechtigt, wie können dann seine Ursachen beseitigt und dem System endlich zu der ihm gebührenden Bedeutung und Berücksichtigung verholfen werden? Denn daß die dem System (gleichgültig ob Taylor- oder Müller- oder Schulzesystem!) zugrunde liegenden Gedanken des größten Erfolges bei geringstem Energieaufwand an und für sich gesund sind; daß gegen die von Taylor ausgeführten grundlegenden Ideen an und für sich nichts eingewendet werden kann, ist heute allen Einsichtigen klar — gleichgültig ob es sich um Arbeitnehmer oder Arbeitgeber handelt.

Die Theorie des Systemes, niedergelegt vor allem in „Shop Management" (1903) und ergänzt durch die „Principles of Scientific Management" (1911), ist im großen und ganzen durchaus einwandfrei.

[1]) Siehe Literaturverzeichnis im Anhang.

Das System hat aber in der Praxis mitunter nicht den Erfolg gezeitigt, den es wohl auf Grund seiner Theorie verdiente; es hat die gegebenen Versprechungen in vielen Fällen nicht voll und ganz erfüllen können; die Kluft zwischen Arbeitgeber und Arbeitnehmer hat sich nicht geschlossen.

Der nächste Schritt muß also die Erkenntnis sein, daß zwischen der Theorie und der Praxis des Systems ein Gegensatz besteht, oder mit andern Worten, ein Gegensatz zwischen dem Taylorsystem und den eingeführten Taylorverfahren. Und es ist wichtig, bei einer Beurteilung der ganzen Frage, ob Taylorsystem oder nicht, diesen Punkt besonders im Auge zu behalten.

Als zweite Ursache muß ohne Zweifel die Unzulänglichkeit in der Ausdrucksweise, in der Übersichtlichkeit und in der systematischen Gliederung fast der gesamten betriebswissenschaftlichen Literatur bezeichnet werden.

Eine weitere, dritte Ursache ist in der Bezeichnung „wissenschaftlich" zu suchen. Über diesen Begriff ist ein heftiger Streit entbrannt; die Gegner dieser Bezeichnung vergaßen in der Hitze des Gefechtes fast völlig die praktischen Seiten des Systemes. Es ist ein Kampf um den Bart des Propheten! Denn diese Bezeichnung „Wissenschaftliche Betriebsführung" ist im Jahre 1910 in Ermangelung eines besseren Ausdruckes entstanden. Über die Entstehung dieser Bezeichnung, die inzwischen Weltbedeutung erlangt hat, sei auf folgende Ausführungen der englischen Zeitschrift „Engineering and Industrial Management" vom 4. November 1920 (S. 591) hingewiesen, die sich auf einen Vortrag von Frank B. Gilbreth im House of Commons (vor der Industrial heaque and Council) stützen. Unter anderem kam Gilbreth auch auf den Ursprung der Bezeichnung „Wissenschaftliche Betriebsführung" zu sprechen und führte hierbei etwa aus:

Er und die inzwischen verstorbenen H. L. Gantt und James Mapes Dodge sowie der jetzige Oberrichter der Vereinigten Staaten, Louis D. Brandeis, waren Anfang des Jahres 1910 in einem kleinen Zimmer des Ganttschen Hauses versammelt, als die Bezeichnung „Wissenschaftliche Betriebsführung" aufgeworfen wurde.[1]) Zu jener Zeit schwebten die bekannten Verhandlungen zwischen einem Teil der amerikanischen Eisenbahnen und den Schiffsgesellschaften wegen einer Erhöhung des bis dahin gültigen Frachttarifes. Brandeis,

[1]) Nach Drury „Scientific Management" waren bei dieser Besprechung noch Robert T. Kent und Henry V. Scheel anwesend.

damals noch ein bekannter Rechtsanwalt und Vertreter der Schiffsgesellschaften, erklärte, daß es wohl eine Möglichkeit, ein System gäbe, das den Eisenbahnen gestatten würde, die Gehälter ihrer Angestellten zu erhöhen und gleichzeitig die Betriebskosten zu ermäßigen! Dieses System, das hohe Löhne und niedrige Gestehungskosten ermöglichen könnte, nannte er „Wissenschaftliche Betriebsführung" in Ermangelung einer vielleicht treffenderen Bezeichnung, und zwar bei Gelegenheit der soeben erwähnten Besprechung im kleinen Kreise. Keiner der damals Anwesenden konnte vorausahnen, daß dieser Bezeichnung eine solche Weltbedeutung zugemessen werden würde, die, wie Gilbreth ausdrücklich betonte, „einen ehrlichen Versuch darstellte, die einzelnen Phasen der Betriebsführung zu messen, und die durch solche Messungen ermittelten besten Elemente zu erhalten, zu normalisieren und zu einem geschlossenen Ganzen zu synthesieren."

Es muß in diesem Zusammenhang schon hier betont werden, daß die neuere Entwicklung einer auf wirklich wissenschaftlicher Grundlage beruhenden Betriebsführung mehr und mehr zustrebt. —

Es ist, das sei auch an dieser Stelle wieder einmal eindringlichst wiederholt, unbestreitbar, daß von allen einsichtigen Kreisen diesen sogenannten Rationalisierungsbestrebungen weit mehr Aufmerksamkeit als bisher zugewendet werden muß, und zwar mit der Tat, d. h. in der Praxis. Es ist bereits unendlich viel über die Notwendigkeit, auf allen Gebieten größere Ersparnisse zu erzielen, mit allen vorhandenen Kräften und Materialien weit sparsamer und haushälterischer als bisher umzugehen, geschrieben und gesprochen worden; die praktischen Ergebnisse sind aber bisher beschämend gering.

Es ist nicht zuviel gesagt, wenn behauptet wird, daß es heute kaum eine Arbeit, gleichgültig auf welchem Gebiet menschlicher Tätigkeit, gibt, die nicht verbesserungsfähig wäre. Die durch Verschwendung aller Art verursachten Verluste sind riesengroß, weit größer als die Kriegsschulden der einzelnen Länder.

Nur ganz wenige haben die Tragweite des uns heute beschäftigenden Problems in ihrem vollen Umfang erkannt; nur ganz wenige sind sich klar darüber, daß das Problem nicht von einer Klasse gelöst werden kann, sondern, daß jeder einzelne im Land, ja darüber hinausgehend, in der Welt, seinen Teil zum Wiederaufbau beitragen muß.

Über eine Hebung der Arbeitsfreude, über die Notwendigkeit der Produktionssteigerung, über die Bedeutung des geringsten Energieaufwandes bei größtem Wirkungsgrad haben uns dickleibige Bücher und kleine Broschüren, haben uns Vorträge und Lichtbilderveranstaltungen unterrichtet — in der Theorie!

Verhältnismäßig nur wenige Kreise der Bevölkerung haben die Dringlichkeit des an sie ergangenen Rufes erkannt und sind an eine Hebung des Wirkungsgrades ihrer Arbeit herangegangen; die meisten sind der gegenwärtigen schnellebigen Zeit entsprechend darüber hinweggeglitten, ohne ihm mehr als einen Augenblick ihrer Zeit, ohne ihm mehr als einen flüchtigen Gedanken zu gönnen.

Und es muß wiederholt werden, was bereits unzählige Male als Mahnruf an alle ergangen ist: derjenige, der zuerst den tieferen Wert dieser ganzen Bestrebungen erkennt und die Entschlußkraft besitzt, über kleinliche Bedenken hinwegzuschreiten und einen ersten praktischen Versuch zu machen, derjenige wird sicher und schnell an die Spitze kommen. Und in gleicher Weise wird die Nation, die den weiten Blick und die Entschlußkraft besitzt, einen ersten praktischen Versuch zu machen, ohne Frage an die Spitze kommen und die Führung übernehmen.

Vom Jahre 1775 an, wo Adam Smith auf die Bedeutung der Arbeitsteilung hinwies, ist die Entwicklung auf diesem Gebiet ständig weitergegangen, und sie wird auch unaufhaltsam weiterrollen. Wer ihre Bedeutung im vollsten Umfange zuerst erkennt, der wird Sieger sein. Darüber kann gar kein Zweifel bestehen.

Daß führende Industrielle auch in Deutschland diese Notwendigkeit bereits vor dem Kriege klar erkannten, zeigt folgende Äußerung von F. Neuhaus, Generaldirektor der Borsig A.-G. in Tegel[1]).

„... Auch diese Notiz beweist (es wurde auf einen Bericht über die Anwendung wissenschaftlicher Betriebsführung in der Chirurgie hingewiesen. D. Verf.), welches Interesse und welche Verbreitung die Taylorschen Grundsätze und Gesichtpunkte in den Vereinigten Staaten selbst in den der Industrie ganz fernstehenden Berufszweigen gefunden haben. Mögen sie auch bei uns eine ähnliche Aufnahme finden! Denn diejenige Nation, welche mit ihren Schätzen und Kräften am meisten haushält und sie mit dem höchsten Wirkungsgrad zur Anwendung bringt, wird ihren Wohlstand heben und vor den anderen einen weiten Vorsprung gewinnen."

---

[1]) Z. d. V. d. I. 1913, S. 370.

II. Der Aufbau der neuzeitigen Betriebsführung.

Rationalisierung der Arbeit, der Arbeitsverfahren, wissenschaftliche oder arbeitsparende Betriebsführung, all diese Bezeichnungen und all diese Begriffe fassen eine in den letzten Jahren immer größer und immer bedeutungsvoller werdende Bewegung zusammen, die mit dem Begriff „Zweckmäßigkeit" und im besonderen mit dem Ruf nach erhöhter Leistungsfähigkeit eng verknüpft ist.

Die Bewegung erstreckt sich auf alle Berufe und auf alle Kreise. Am weitesten durchgeführt und vielleicht am umfassendsten durchgearbeitet ist sie indessen wohl in der Industrie, wo sie unter den eben erwähnten Bezeichnungen der „wissenschaftlichen" oder „funktionellen" Betriebsführung, kurz, der Betriebswissenschaften, an die Öffentlichkeit getreten ist.

Die Betriebswissenschaft umfaßt das gesamte Gebiet der Fertigung, sie beschäftigt sich mit der Erforschung der mechanischen und der menschlichen Arbeit. In dem großen Getriebe einer Industrieanlage muß ein Rädchen in das andere greifen, muß jede Arbeit und jeder Schritt seine Bedeutung haben, muß das menschliche Element zufrieden und mit Freude an der Arbeit sein, soll der Betrieb mit höchster Wirkung harmonisch und reibungslos arbeiten.

In weit höherem Maße als es je früher der Fall war, beachtet die neuzeitige Betriebsführung das menschliche Element. Die Auffassung, daß der Mensch der Hauptfaktor fast aller industriellen Fragen ist, bricht sich immer mehr Bahn. Die Psychologie, aber auch die Psychiatrie, sind in diesem Zusammenhang im industriellen Betriebe von stets wachsender Bedeutung. Durch die angewandte Psychologie sind uns Mittel und Wege gewiesen worden, um den „richtigen Mann an den rechten Platz" zu bekommen. Die Psychologie gibt uns aber auch noch andere Aufschlüsse über das große und wichtige Problem der Gewohnheit, über die Beziehungen, die zwischen angeborenen Fähigkeiten und der Leichtigkeit und den Grenzen einer Weiterbildung des Einzelnen bestehen. Das Ziel der Psychologie im industriellen Betrieb wird es sein, den aktiv psycho-physischen Prozeß, der in Arbeit jeder Art vorkommt, zu untersuchen und zu definieren und nach Möglichkeit zu verbessern.

Die Psychologie gibt uns weiterhin Aufschlüsse über die Lernfähigkeit des Arbeiters, über die Möglichkeit der Bewußtseinsentlastung bei gewissen Wiederholungsarbeiten, usw.

Und besonders dieses große bei der Behandlung des menschlichen Elementes noch lange nicht genügend gewürdigte Gebiet der Bewußtseinsentlastung, der „Automatizität", führt uns zur Psychiatrie hinüber. Auch die Psychiatrie gewinnt in der Industrie immer mehr an Boden. Der Betriebsingenieur, der sich mit diesem Wissensfach beschäftigt, wird ihm mitunter ein größeres Interesse als der Psychologie entgegenbringen. Ihn werden stets die Ausnahmefälle, die Unterschiede im Menschen, die besondere Behandlung und besondere Beachtung erfordern, am meisten interessieren und in der Praxis mitunter von ausschlaggebender Bedeutung sein.

Es ist z. B. behauptet und bewiesen worden, daß Epilepsie eine im besonderen Maße ausgeprägte krankhafte „Automatizität" darstellt. Und es ist ebenso bekannt, daß in jedem siebenten Menschen gewisse dieser „automatischen" Eigenschaften schlummern, die eines mehr oder minder starken Anlasses bedürfen, um ausgelöst zu werden — was besonders bei großen Paniken usw. der Fall sein kann. Es gibt keinen Menschen, der nicht eine Eigenart besitzt. Diese zu bekämpfen oder zum Vorteil des betreffenden auszunutzen, oder ihr durch entsprechende Arbeitszuweisung gerecht zu werden, ist eine der großen Aufgaben, die die Industrie zu lösen hat, und die nur durch eine Zusammenarbeit des Ingenieurs, Psychologen und Psychiaters gelöst werden kann.

Die Bedeutung der weit größeren Beachtung dieser Frage, die Rolle, die sie bei der Unfallverhütung usw. zu spielen in der Lage ist, kann nicht hoch genug eingeschätzt werden.

Alle diese Kenntnisse ermöglichen eine weit planvollere und gerechtere Behandlung und Unterbringung der Angestellten und Arbeiter, als es bisher der Fall war. Die Eignungsprüfung in Verbindung mit einer ernstgemeinten Berufsberatung weisen dem ins Berufsleben Eintretenden die richtige Bahn. Der Weiterentwicklung und die Weiterbeförderung des Arbeiters, die bisher fast gänzlich von seiner Initiative abhing, nimmt sich der sogenannte „Drei - Stellungs - Plan"[1]), an, der sich da, wo er Eingang

---

[1]) S. 89 der „Angewandten Bewegungsstudien".

fand, durchaus bewährte, den Arbeiterwechsel bedeutend verminderte und jeden Angestellten und Arbeiter fast automatisch an die seinen höchsten Fähigkeiten entsprechende Stelle bringt.

Das Erziehungsmoment spielt bei diesen ganzen Bestrebungen ebenfalls eine bedeutend wichtigere Rolle als je zuvor. Ständig wird der Angestellte und Arbeiter in der ermittelten besten Art der Arbeitsverrichtung unterwiesen und für eine höhere Stelle ausgebildet. Der Weiterbildung des Ingenieurs wird in gleicher Weise Aufmerksamkeit geschenkt.

Die Arbeitsbedingungen und die Arbeitsmittel, die Werkzeuge usw. sind die besten und zweckmäßigsten; sie sind genormt.

Das Streben ist überhaupt darauf gerichtet, höchste Zweckmäßigkeit auf allen Gebieten und bei allen Arbeiten zu erzielen.

Die Arbeitsvorbereitung nimmt dem Arbeiter alle nicht mit der unmittelbaren Erzeugung zusammenhängenden Funktionen ab.

Das Lagerwesen, der Werkstättentransport, der Botenverkehr, alles spielt hierbei eine Rolle.

Um jeder Verschwendung Einhalt zu tun, wird den vorbeugenden Maßnahmen große Bedeutung beigelegt. Die Prüfung der Arbeit wird nicht erst nach erfolgter Beendigung, wenn der Schaden schon entstanden ist, sondern während der fortschreitenden Arbeit vorgenommen. Und in gleicher Weise soll nicht erst der eingetretenen Ermüdung Rechnung getragen werden, bereits vorher ist alles zu unternehmen, um jede unnötige Ermüdung nach Möglichkeit von vornherein auszuschalten.

Nach erfolgter Normung der Arbeitsbedingungen, nach erfolgter Einrichtung des gesamten Lagerwesens, einschließlich des Werkzeuglagers und der Werkzeugausgabe, nach Einrichtung einer statistischen Abteilung usw. darf an die Verbesserung des eigentlichen Arbeitsverfahrens mit dem Endziel, das zur Zeit mögliche beste Verfahren ausfindig zu machen, herangegangen werden. Es sei gleich hier festgehalten, daß es bei jeder Arbeit nur eine beste Art der Erledigung gibt. Der jeweils zur Verfügung stehende Arbeiter ist unter Berücksichtigung seiner Fähigkeiten und seiner Erfahrung dieser besten Art nach Möglichkeit anzupassen.

Der Arbeitsprozeß wird auf Grund genauester Messungen analysiert, synthesiert und normalisiert. Hier greifen wiederum die verschiedensten Funktionen, vor allem die Bewegungsstudien, ein.

Und ist schließlich das beste Verfahren ermittelt worden, so treten als letzte Funktion die Zeitstudien in Tätigkeit, um die zwecks Stücklohnfestsetzung erforderlichen Zeiten und Daten zu erlangen. In vielen Fällen werden diese Zeitstudien einfach das Nebenprodukt der Bewegungsstudien sein.

Aus diesem nur stichwortartig und sehr unvollkommen zusammengesetzten Bild der Funktionen der neuzeitigen Betriebsführung wird aber schon die ungeheure Vielseitigkeit des tief in die Volkswirtschaft, ja in fast jede Wissenschaft eingreifenden Problems ersichtlich sein. Dem Betriebsingenieur wird kein Wissensfach ohne Interesse für seine Arbeit sein; alle stehen in irgendeinem Zusammenhang mit den an ihn herantretenden Aufgaben.

Jede Funktion hat ihre ganz bestimmte Stelle im Ganzen und hängt untrennbar mit dem Ganzen zusammen.

Wer behauptet, die Reihenfolge in der Anwendung dieser Funktionen sei völlig gleichgültig oder von unwesentlicher Bedeutung, der hat den Kern der Sache nicht erfaßt, der tritt bereits den ersten Grundsatz der Zweckmäßigkeit mit Füßen!

Eignungsprüfungen, Bewegungsstudien, Zeitstudien, normale Werkzeuge usw. sind in einem wohlorganisierten Betrieb unbedingt notwendig; der Betrieb, der sie nicht einführt, darf nicht den Anspruch erheben, wirklich höchste Leistungsfähigkeit, höchste Löhne, niedrigste Gestehungskosten und wirklich rationelles Arbeiten zu erzielen.

Auf der andern Seite dagegen ist eine Einführung dieser Funktionen in nicht logischer Reihenfolge als unzweckmäßig und unrationell zu bezeichnen. Zeitstudien ohne vorhergehende Bewegungsstudien oder Bewegungsstudien ohne eine vorhergehende Normung der Arbeitsbedingungen, des Lagerwesens usw. sind von Anfang an zu einem Fehlschlag verurteilt; den höchsten Erfolg werden sie nie einbringen.

Diese ganzen weitverzweigten eng ineinandergreifenden Fäden festzuhalten und ihre Aufgaben zu schildern, hieße ein Buch der neuzeitigen Betriebsführung schreiben.

Es soll der Zweck der vorliegenden Arbeit aber sein, nur zwei kleine Teile aus dem Gesamtproblem herauszugreifen und zu behandeln; zwei Teile, die der großen Gefahr ausgesetzt sind, ohne Zusammenhang mit dem Ganzen, ihr „Eigenleben" zu führen. Ja, die es in manchen Fällen bereits versucht haben, die Aufgaben des Gesamtproblems zu übernehmen. Bewegungs- und Zeitstudien sind zwar ganz außerordentlich wichtige, vielleicht sogar die wichtigsten und unentbehrlichsten Funktionen der neuzeitigen Betriebsführung, aber immer nur Teile des Ganzen. Taylor sagt selbst, auf Zeitstudien beruht sein System, er hebt aber auch ausdrücklich hervor, daß Zeitstudien nur einen Teil des ganzen Problems bedeuten und zuletzt einzuführen sind.

Ebenso wie der schönste und solideste und besonders sinnreich aber ohne Zusammenhang mit dem Ganzen gebaute Motor beim Zusammenbau nicht in das Automobil passen wird, so wird auch das besonders sorgfältig ausgebaute System von Zeitstudien, das nicht im engsten Zusammenhang mit dem Gesamtproblem der Erzeugung steht, nicht den höchsten Erfolg verbürgen. Das gleiche gilt von dem Zeitstudienbeamten, der seine Arbeit, ohne die Zusammenhänge mit dem Gesamtproblem zu kennen, zu verstehen oder voll übersehen zu können, durchführt.

Das klingt als fast selbstverständlich, ist aber eines der größten Übel, mit denen die Bewegung heute zu kämpfen hat.

Sowohl in Amerika, das auch heute noch in bezug auf diese Bestrebungen an der Spitze steht, als auch in Deutschland, das besonders in letzter Zeit diesen Bestrebungen ständig wachsendes Interesse zuwendet, nimmt das Gebiet der Zeitstudien einen besonders großen Spielraum für sich in Anspruch. Im Eifer der Arbeit — und hierin liegt die große Gefahr — wird dieses Gebiet zu leicht als Eigensache aufgefaßt, der Endzweck wird aus dem Auge gelassen.

Zeitstudien bilden den Schlußstein der neuzeitigen Betriebsführung!

Erst wenn der Arbeitsprozeß rationalisiert, d. h. wenn die Arbeitsverhältnisse verbessert und auf eine Norm gebracht worden sind, wenn auf Grund von ausgedehnten Bewegungsstudien das zur Zeit mögliche beste Verfahren ermittelt worden ist, sind Zeitstudien anzustellen, um die zur Ausführung dieser Arbeit gebrauchte Zeit für die Zwecke der Lohnbefestigung herauszufinden. Das ist Zweck und Ziel der Zeitstudie, wie sie von Taylor und seinen Nachfolgern stets offen betont worden ist.

Die Fahrpläne der Eisenbahnen können nicht aufgestellt werden, ehe sämtliche hierbei in Frage kommenden Faktoren vorher voll berücksichtigt worden sind. Sie bilden sozusagen den Schlußstein der zu bewältigenden Arbeit. Genau so mit der Zeitstudie!

Es sei zusammengefaßt: Bewegungsstudien und Zeitstudien sind notwendig; aber außer der Reihe und ohne Zusammenhang mit dem Ganzen eingeführt, eine unmittelbare Gefahr, eine Vergeudung von Zeit und Geld und einem sicheren Fehlschlag ausgesetzt.

Bewegungs- und Zeitstudien können, falls richtig, zweckentsprechend und in engster Verbindung miteinander und mit dem Ganzen durchgeführt, viel Gutes im Betriebe leisten.

Zur Zeit haften der Bewegung aber noch manche Mängel an, die den Ruf der „Wissenschaftlichkeit" beeinträchtigen und die ihr in ihrem Fortbestand recht schädlich werden können.

III. Das Taylorsche Zeitstudienverfahren.

Das im Jahre 1903 — zwei Jahre nachdem Taylor sich vom öffentlichen d. h. berufstätigen Leben zurückgezogen hatte — herausgegebene Werk „Shop Management" ist in bezug auf die von Taylor befürworteten Zeitstudien wohl die grundlegendste und ausführlichste seiner Arbeiten. Es stellt die Ergebnisse seiner langjährigen Praxis und seiner reichen Erfahrungen zusammen; ist also gewissermaßen als eine Art Grenzstein seines Lebens zu betrachten.

Die erste Arbeit Taylors, das im Jahre 1895 erschienene „Piece Rate System" geht wohl schon auf die Zeitermittlung ein; aber nur in sehr kurzer und gedrängter Form. Bemerkenswert ist, daß hier der Ausdruck „Zeitstudie" noch gar nicht vorkommt. Taylor spricht in diesem Schriftchen immer nur von „Stücklohnfestsetzung" (rate-fixing).

Bereits die erste Zeile der auf dem Titelblatt der amerikanischen Originalausgabe von „Shop Management" erschienenen Inhaltsübersicht gibt Zweck und Hauptthema des Buches an:

„The writer's chief object in writing this paper is to advocate the accurate study of „how long it takes to do work" or Scientific Time Study as the foundation of the best management."

„Der Hauptzweck, den der Verfasser mit diesem Buch verfolgt, ist eine Befürwortung des genauen Studiums der zur „Ausführung einer Arbeit verwendeten Zeit" oder Wissenschaftlicher Zeitstudien als Grundlage der besten Form der Betriebsführung."

Und in der Tat ist das der rote Faden, der sich durch das ganze Buch zieht. Auf der Zeitermittlung, auf der zur Ausführung einer Arbeit gebrauchten Zeit, beruht das ganze Taylorsystem. Alle anderen Grundsätze und Verfahren stützen sich auf die Vornahme von Zeitstudien; mit seinen „Wissenschaftlichen Zeitstudien" steht und fällt Taylors ganzes System! Die §§ 133 bis 35 in „Shop Management" betonen das ausdrücklichst. Es heißt da u. a.:

„Der Verfasser möchte ganz besonders hervorheben, daß dieses ganze System auf einem genauen und wissenschaftlichen Studium der „Einheits- oder Elementarzeiten" beruht, bei weitem das wichtigste Element der neuzeitigen Betriebsführung."...

„Im Jahre 1895 hielt der Verfasser vor diesem Verein (gemeint ist die American Society of Mechanical Engineers) seinen Vortrag „A Piece Rate System". Der Hauptzweck bei Abfassung der Arbeit war die besondere Hervorhebung des Studiums der „Elementarzeiten" als der Grundlage einer guten Betriebsführung. . . ."

Und im § 135 schreibt Taylor: „Es ist der aufrichtige Wunsch des Verfassers, daß der Grundgedanke dieser (d. h. „Shop Management") Arbeit nicht übersehen wird, und daß das wissenschaftliche Zeitstudium die ihm gebührende Aufmerksamkeit erhält. . ."

Erst die Anwendung der Zeitstudien, die Zergliederung der Arbeit in gewisse Elemente, und vor allem die Erkenntnis, daß zur Ermittlung der richtigen Zeit, die tatsächliche Ausführungszeit von den durch Zwischenfälle, Verzögerungen usw. entstehenden Pausen getrennt zu messen sei, sowie die Möglichkeit, vor der Ausführung bereits zu bestimmen, wie lange Zeit der Arbeiter zu ihrer Erledigung brauchen würde, vermochte eine gewisse Stetigkeit in die Arbeiten eines Betriebes zu bringen.

Erst durch die Kenntnis der zur Ausführung einer Arbeit gebrauchten Zeit konnte sich der „Pensum-" oder besser noch der „Programm"-Gedanke durchsetzen. Es wurde möglich, jedem im Betriebe Beschäftigten, gleichgültig ob Leiter, Angestellter oder Arbeiter, sein täglich zu erledigendes Programm zu geben. Ohne dieses ist ein wahres Hand-in-Hand-Arbeiten des gesamten Betriebes nicht zu erreichen, und ohne ein gutes Zusammenarbeiten ist es unmöglich, mit höchstem Wirkungsgrad, d. h. mit höchsten Löhnen und niedrigsten Gestehungskosten zu arbeiten.

Durch die Zeitstudien wurde auch erst Gelegenheit zu einer wirklichen Arbeitsvorbereitung und Arbeitsverteilung geschaffen. Denn jetzt, wo es darauf ankam, eine bestimmte Arbeit in einer bestimmten Zeit zu leisten, mußte weit mehr als bisher dafür gesorgt werden, daß der Arbeiter zur rechten Zeit sein Material in erforderlicher Menge und Güte zur Stelle hatte.

Diese Tatsachen werden noch lange nicht genügend gewürdigt!

Die Erkenntnis, daß eine Vorherbestimmung der für eine Arbeit gebrauchten Zeit möglich sei, war das wesentlich Neue, das fast revolutionierend auf die Industrie wirkte. Und zusammen mit einer auf dieser Grundlage aufgebauten Organisation, in der sich in logischer Aufeinanderfolge ein Rädchen des großen Betriebes ins andere fügte, hat Taylor etwas geschaffen, das der Industrie in allen Ländern neue Wege wies, und das ihr vor allem die Erfordernisse größter Planmäßigkeit vor Augen hielt. Und noch ein weiteres Verdienst Taylors ist darin zu erblicken, daß er erstmalig ein von ihm entwickeltes System der Betriebsführung der breiten Öffentlichkeit rückhaltlos übergab, daß er die Aufmerksamkeit weiter Kreise auf diese Fragen lenkte, daß er zunächst und vor allem Interesse erweckte.

Und gleichgültig, wie man seinem System gegenüberstand — auch seine Gegner mußten vor allem erkennen, daß eine straffere systematische Organisation erste Bedingung jedes Erfolges sei. Hat Taylor also, wenn auch in manchen Fällen nur mittelbar, dazu beigetragen, Interesse für diese Bestrebungen zu wecken und auf Besserung der bestehenden Verhältnisse zu dringen, so hat er schon seinen reichlichen Teil zum allgemeinen Fortschritt beigetragen.

Sein System war also — das steht ohne Zweifel fest — zur Zeit der Veröffentlichung seiner ersten Arbeit „A Piece Rate System“ im Jahre 1895 und seines „Shop Management“ im Jahre 1903, zu einer Zeit, wo von ähnlichen Bestrebungen nichts bekannt war und wo sein System die andern allgemein üblichen Betriebsführungssysteme bei weitem überragte — eben vor allem durch die

Einführung dieser Zeitvorherbestimmung — das zur Zeit einzig mögliche, das beste.

Das System führte sich aber nur sehr langsam ein und hatte stets mehr Gegner als Anhänger — ein Zustand, der auch heute noch vorherrscht. Es soll im Laufe der Schrift versucht werden, ein ge Ursachen dieser Gegnerschaft aufzudecken. — — —

Woher bekam Taylor die Anregung, Zeitstudien vorzunehmen, und was ist nach Taylor unter „Zeitstudien" zu verstehen?

Die erste Anregung, Zeitstudien mit Hilfe der Stoppuhr vorzunehmen, hat Taylor, wie er anläßlich der Tuck School Conference der Dartmouth College (12.—14. Oktober 1912, S. 370/2 des Tagungsberichtes) erzählte, von seinem Lehrer, Prof. George W. Wentworth der Phillips Exeter Academy erhalten, der, wie Taylor es nennt, „wissenschaftliche Zeitstudien" an den Schülern seiner Mathematikklasse vornahm.

Bei dem Versuch, Wesen und Ziel der Zeitstudie zu bestimmen, zeigen sich die schon erwähnten Mängel Taylorscher Ausdrucksweise. Taylor empfindet das scheinbar selbst; denn fast in jeder seiner Arbeiten, die von der Zeitbestimmung handeln, gibt er eine neue Definition des Begriffes „Zeitstudien", die in jedem Falle grundsätzlich etwas von den vorhergehenden anderen Definitionen abweicht. Aber es muß gleich an dieser Stelle festgehalten werden, daß diese Neuformulierungen und die Ergänzungen, die die letzten Taylorschen Definitionen aufweisen, nur in der Theorie bestanden. In der Praxis blieb Taylor konservativ an seinem bereits im Jahre 1895 im „Piece Rate System" festgelegten Verfahren haften, was u. a. aus dem unter Taylors Anleitung in Angriff genommenen und nach seinem Tode erschienenen Buch von Merrick „Time Studies for Rate Setting" deutlich hervorgeht, auf das später noch näher eingegangen werden soll.

1. Die erste Definition des Zweckes und Zieles der Zeitstudie finden wir in dem bereits erwähnten „Piece-Rate System". Taylor sagt hier nach § 67: „Was einem Betrieb, der eine Zeitstudienabteilung einrichten will, vor allem fehlt, ist der Mangel an Angaben über die richtige Geschwindigkeit, mit der Arbeit zu verrichten ist. . ."

2. Im Jahre 1903 gibt Taylor sein Buch „Shop Management" heraus, das als Leitmotiv den Ruf nach Zeitstudien und eine genaue

Beschreibung dieses Zeitstudienverfahrens bringt. Seine beste Definition (er gibt im Laufe des Buches mehrere) ist die bereits früher erwähnte gleich zu Anfang der Arbeit in der Inhaltsübersicht stehende: „Der Hauptzweck, den der Verfasser mit diesem Buch verfolgt, ist eine Befürwortung des genauen Studiums der zur „Ausführung einer Arbeit gebrauchten Zeit“ oder Wissenschaftlicher Zeitstudien als Grundlage der besten Form der Betriebsführung.“

Und im § 92 des gleichen Buches führt Taylor noch aus: „Der große Mangel aller üblichen Betriebsführungssysteme ... besteht darin, daß der Punkt, von dem sie ausgehen, ja selbst ihre eigentliche Grundlage auf Unwissenheit und Betrug beruhen, und daß sie in ihrem ganzen Verlauf inbezug auf das eine Element, das sowohl für den Arbeitgeber wie für den Arbeitnehmer von allergrößter Bedeutung ist, nämlich die Geschwindigkeit, mit der die Arbeit zu verrichten ist, sich dahintreiben lassen, anstatt planmäßig geführt und kontrolliert zu werden.“

3. Im Jahre 1911 gibt er in seinem Buch „Principles of Scientific Management“ wieder eine Definition über die Bedeutung der Zeitbestimmung. Er zitiert auf Seite 18 bis 24 aus „Shop Management“, bekennt sich also noch immer zu seinem im Jahre 1903 festgelegten Verfahren. Das muß ganz besonders hervorgehoben werden, da die Kritik des 1903er Verfahrens das Taylorsche Zeitstudienverfahren betrifft, wie es vom Jahre 1881 bis zu seinem Tode und mit gewissen es nicht immer in gutem Sinne beeinflussenden „Verbesserungen“ seiner Schüler und Nachfolger bis zum heutigen Tage angewandt wird.

Auf Seite 79 seiner „Principles“ spricht Taylor zum allerersten Mal in all seinen Schriften von Bewegungsstudien. Auf Seite 80 gibt er eine Schilderung der Gilbrethschen Arbeiten; dabei spricht er von „wissenschaftlichen Bewegungsstudien, wie Gilbreth seine Analyse nennt, und von Zeitstudien, wie der Verfasser ähnliche Arbeiten nannte.“ Diese Definition zeigt deutlich, daß die Taylorsche Auffassung von der Gilbrethschen über die Bedeutung der „Bewegungsstudie“ weit auseinandergeht, was die späteren Ausführungen noch zeigen sollen. Praktisch ist Taylor auf diesem Gebiet nie vorgegangen.

4. Im Jahre 1912 (Transactions of the American Society of Mechanical Engineers, Seite 1199) wird von Taylor noch einmal grundlegend und sehr ausführlich der Begriff „Zeitstudien“ geklärt! Und gerade in dieser Erläuterung erkennt man ganz deutlich, daß er, den damaligen Strömungen und Entwicklungen Rechnung tragend, den Begriff bedeutend erweitert hat, allerdings auch hier wieder nur theoretisch. Das tritt besonders in dem bereits erwähnten Merrickschen Buch zutage.

Im Jahre 1911 geht Taylor in seinem Buch „Principles of Scientific Management“ zum erstenmal auf „Bewegungsstudien“ ein; in diesem

Bericht vom Dezember 1912 gebraucht er zum erstenmal die Bezeichnung der „Übertragung von Geschicklichkeit".

Im Mai 1912 erschien das Gilbrethsche Buch „A Primer of Scientific Management", das als eine Erläuterung bezw. Ergänzung einzelner Teile wissenschaftlicher Betriebsführung, d. h. in diesem Fall des Taylorschen Verfahrens, zu betrachten ist.

Auf S. 56 dieses Buches hebt der Verfasser die große Bedeutung der durch die neuzeitige Betriebsführung möglichen Übertragung von Erfahrung und Geschicklichkeit vor allem auf die Arbeiter hervor.

Der im Dezember 1912 vor der American Society of Mechanical Engineers abgegebene Bericht über den „gegenwärtigen Stand der industriellen Betriebsführung" nimmt sich diesen Gedanken der Geschicklichkeitsübertragung zum Leitfaden.

Auch Taylor greift diesen Gedanken auf. In der dem Bericht folgenden Erörterung gibt er, hiervon ausgehend, die eben erwähnte neue Definition des Zeitstudiums.

Diese Erläuterung ist gerade für die Zwecke der vorliegenden Arbeit von hervorragender Bedeutung. Damit jede Möglichkeit eines Mißverstehens von vornherein ausgeschaltet ist, sei die Definition auf den Seiten 18 bis 21 sowohl in englisch wie in deutsch wiedergegeben:

Bereits aus den kurz angeführten „Bemerkungen" in dieser Tabelle sind die schwachen Seiten des Taylorschen Zeitstudienverfahrens ersichtlich. Doch soll im weiteren Verlauf dieses Abschnittes noch näher gerade hierauf eingegangen werden. —

Die Vorteile und die Notwendigkeit der Vornahme von Zeitstudien werden in „Shop Management" besonders scharf herausgearbeitet:

Bereits in den § 43/4[1]) schreibt Taylor, daß die Unkenntnis der zur Ausführung einer Arbeit gebrauchten Zeit sowohl für den Arbeitgeber wie für den Arbeitnehmer Verhältnisse schafft, die eine möglichst geringe Ausbeute begünstigen, die also zu einem empfindlichen Schaden beider Parteien führen.

Und in § 51 erklärt er, daß ein „genaues Zeitstudium der unter solchen Verhältnissen tätigen Arbeiter Tatsachen hervorbringen würde, die sowohl lächerlich wie bedauernswert wären".

In § 57 wirft er den Arbeitern vor, daß sie vor allem aus dem Bestreben heraus, ihre Auftraggeber über die zur Ausführung einer Arbeit gebrauchten Zeit im Dunkeln zu lassen, ihre Arbeitsleistung systematisch einschränken.

---

[1]) Die angeführten Paragraphen beziehen sich stets auf die amerikanische Originalausgabe. Die deutsche Ausgabe unterstreicht diese Hervorhebungen Taylors leider nicht mit gleicher Deutlichkeit.

Die Mängel der gewöhnlichen Betriebsführungssysteme liegen nach § 78 vor allem darin, daß keine genauen wissenschaftlichen Studien des Zeitproblems angestellt und daß den Arbeitern keine genaue ermittelten Aufgaben zugeteilt werden, die in einer im voraus bestimmten Zeit ausgeführt sein müssen.

Alle seine Ausführungen gehen immer, und das ist zur klaren Beurteilung des Zieles seines Systemes von hervorragendster Bedeutung, von dem einen Gedanken aus, „die Zeit, die zur Ausführung einer Arbeit“ erforderlich ist, einwandfrei zu ermitteln. Sein ganzes System baut sich auf dieser Grundlage auf. Und da er sein Betriebsführungssystem in „Shop Management“ in allen Phasen besonders eingehend und auf eine Praxis von zwanzig Jahren zurückblickend, beschreibt, muß es sich notgedrungen in gleicher Weise ausführlich und vor allem auf dem einen Punkt „Zeitstudien“ aufbauen.

Nach § 93 bis 97 ist durch die Zeitbestimmung eine Erhöhung der Arbeitsfreudigkeit der Arbeitnehmer erreichbar; höhere Ausbeute ist selbst bei gewöhnlichem Taglohn und unter den gewöhnlichen Betriebsführungssystemen bei Anwendung von Zeitstudien erreichbar; denn sie tötet vor allem das große Übel des Mißtrauens und der bewußten Arbeitseinschränkung der Arbeitnehmer.

Dieser bislang rein theoretischen Forderung folgt das erste Beispiel der Praxis, und zwar handelt es sich hierbei um die wohl allgemein bekannte Geschichte des Roheisenverladers, dessen Leistung von $12^1/_2$ t täglich nach Anwendung von Zeitstudien auf $47^1/_2$ t täglich stieg.

Taylor betraut nach § 101 einen „intelligenten akademisch gebildeten“ Mann mit der Vornahme der Zeitstudien, der auf diesem Gebiet ein Neuling ist. Aber in kurzer Zeit wurde er von Taylor in der „Kunst“ unterwiesen, festzustellen, wieviel Arbeit ein erstklassiger Arbeiter an einem Tage verrichten kann. Diese „Kunst“ der Zeitermittlung bestand in der Zeitbeobachtung — mittels Stoppuhr — eines erstklassigen Arbeiters während er „schnell“ arbeitete. Und am vorteilhaftesten ist — nach Taylor — diese Arbeit zu verrichten, wenn die Tätigkeit des Arbeiters in ihre Elemente zerlegt und diese einzeln gemessen werden. In § 188 wird die Bedeutung der Messung der „Einheitszeiten“ hervorgehoben.

Wo es sich nach § 101 um „wichtigere Elemente, die für verschiedene Stücklohnfestsetzungen in Betracht kommen“, handelt, ist eine große Anzahl von Zeitbeobachtungen nötig.

Und um die Genauigkeit des Beobachters zu prüfen, um ihm „Vertrauen in die neuen Verfahren“ zu geben, ist in den meisten

Definition der Zeitstudie.

Englisch	Deutsch	Bemerkungen
„Time study is the one element in scientific management beyond all others making possible the „transfer of skill from management to men." The nature of time study, however, is but imperfectly understood and it is therefore important to define it clearly. „Time study" consists of two broad divisions, first, analytical work, and second, constructive work.	„Zeitstudium" ist das eine Element wissenschaftlicher Betriebsführung, das vor allem die Übertragung von Geschicklichkeit von der Leitung auf die Arbeiter ermöglicht. Das Wesen des Zeitstudiums wird indessen nicht völlig verstanden; es ist daher von Wichtigkeit, es klar und deutlich zu definieren. Das „Zeitstudium" besteht aus zwei großen Abschnitten, aus analytischer und aus synthetischer Arbeit.	Daß das Wesen des „Zeitstudiums" im Jahre 1912 noch immer nicht verstanden wurde, gibt zu denken. Taylor propagierte Zeitstudien öffentlich seit 1895!
The analytical work of time study is as follows:	Die analytische Arbeit der Zeitstudie ist folgende:	
a) Divide the work of a man performing any job into simple elementary movements.	a) Die Arbeit des Ausführenden ist in einfache Elementarbewegungen zu unterteilen.	zu a) Taylor gibt hier keine Definition des Begriffes „einfache Elementarbewegungen".
b) Pick out all useless movements and discard them.	b) Alle überflüssigen Bewegungen sind auszusuchen und auszuschalten.	zu b) Wie sind diese „überflüssigen" Bewegungen auszusuchen und auszuschalten?
c) Study, one after auother, just how each of several skilled workmen makes each elementary movement, and with the aid of a stop watch select the quickest and best method of making each elementary movement known in the trade.	c) Die Art und Weise, wie mehrere geschickte Arbeiter jede Elementarbewegung ausführen, ist nacheinander zu ermitteln, und mit Hilfe der Stoppuhr ist das in dem betreffenden Gewerbe bekannte schnellste und beste Verfahren zur Verrichtung jeder dieser Elementarbewegungen festzustellen.	zu c) Taylor spricht hier von „geschickten" aber nicht vom erstklassigen Arbeiter. Mit Hilfe der Stoppuhr ist es einfach unmöglich, Elementarbewegungen zu ermitteln; es ist auch unmöglich, irgend ein in Brauch befindliches

		Verfahren mit diesem Instrument einwandfrei zu ermitteln.
d) Describe, record and index each elementary movement, with its proper time, so that it can be quickly found. (Recording these movements, so that they can be readily found is the most difficult element in time study. The writer threw away his first two years of time study because it was so poorly indexed that he was unable to find the elements when he needed them.)	d) Jede Elementarbewegung ist zusammen mit der entsprechenden Zeitangabe zu beschreiben und so zu klassifizieren, daß sie zu jederzeit schnell wiederaufzufinden ist. Die Klassifizierung dieser Bewegungen, so daß sie schnell wieder aufzufinden sind, ist das schwierigste Element des Zeitstudiums. Der Verfasser mußte seine während der ersten zwei Jahre vorgenommenen Zeitstudien verwerfen, weil sie so mangelhaft unterteilt waren, daß es unmöglich war, die Elemente bei Bedarf wiederaufzufinden.)	zu d) Da wirkliche Elementarbewegungen von Taylor nicht gemessen wurden (mit der Stoppuhr ist das nicht möglich) so wird es auch niemals möglich sein, bei neuen Arbeiten die Zeiten auf Grund der bereits gemessenen festzustellen. Kurz vor seinem Tode mußte er wieder die Arbeiten vieler Jahre für unbrauchbar erklären, da sie wieder nicht so vollständig aufgenommen wurden, um sie noch einmal verwenden zu können!
e) Study and record the percentage which must be added to the actual working time of a good workman to cover unavoidable delays, interruptions, and minor accidents, etc.	e) Der Zuschlag, der auf die tatsächliche Arbeitszeit eines guten Arbeiters zugeschlagen werden muß, um unvermeidbare Verzögerungen, Unterbrechungen, kleinere Betriebsstörungen usw. auszugleichen, muß studiert und festgestellt werden.	zu e) Auch hier wird wieder nur von einem „guten" und nicht von dem besten Arbeiter gesprochen. Es wird auch kein Versuch unternommen, diese Verzögerungen, Unterbrechungen usw. zu verhüten, auszumerzen.
f) Study and record the percentage which must be added to cover the	f) Der Zuschlag, der die Neuheit einer Arbeit für einen guten Ar-	zu f) Auch hier nur der „gute" Arbeiter!

Englisch	Deutsch	Bemerkungen
newness of a good workman to a job, the first few times that he does it. (This percentage is quite large on jobs made up of a large number of different elements composing a long sequence infrequently repeated. This factor grows smaller, however, as the work consists of a smaller number of different elements in a sequence that is more frequently repeated.)	beiter während der ersten Male, die er sie ausführt, in Betracht zieht, ist zu untersuchen und aufzuschreiben. (Dieser Prozentsatz ist ziemlich bedeutend bei längeren Arbeiten, die aus einer großen Anzahl verschiedener selten wiederholter Bewegungen besteht. Der Zuschlag wird aber in dem Maße kleiner, in dem die Arbeit aus einer geringen Zahl verschiedener Elemente in einer Folge, die sich oft wiederholt, besteht.)	
g) Study and record the percentage of time that must be allowed for rest, and the intervals at which the rest must be taken, in order to offset physical fatigue.	g) Der Zeitzuschlag, der für Erholung und für die zur Überwindung körperlicher Müdigkeit notwendigen Zwischenzeit zu gewähren ist, ist zu untersuchen und aufzuschreiben.	zu g) Warum werden keine Gegenmaßnahmen zur Vermeidung eines Teiles der sicher aus den herrschenden Arbeiterverhältnissen wachsenden unnötigen Ermüdung empfohlen?
The constructive work of time study is as follows:	Die synthetische Arbeit der Zeitstudie ist folgende:	
h) Add together into various groups such combinations of elementary movements as are frequently used in the same sequence in the trade, and record and index these groups so that they can be readily found.	h) Solche Kombinationen von Elementarbewegungen, die oft in gleicher Reihenfolge in dem betreffenden Gewerbe angewandt werden, sind in verschiedenen Gruppen zusammenzufassen und so niederzulegen und zu klassifizieren, daß sie jederzeit schnell gefunden werden können.	zu h) Im Laufe dieser Arbeit soll gezeigt werden, daß es eine Verschwendung von Geld bedeutet, Zeitstudien nur mit Hilfe der Stoppuhr vorzunehmen. Bewegungen können mit diesem Instrument nie einwandfrei ge-

i) From these several records, it is comparatively easy to select the proper series of motions which should be used by a workman in making any particular article, and by summing the times of these movements, and adding proper percentage allowances, to find the proper time for doing almost any class of work.	i) An Hand dieser Nachweise wird es verhältnismäßig leicht sein, die geeignete Reihe von Bewegungen auszuwählen, die ein Arbeiter bei der Herstellung irgend eines besonderen Gegenstandes verwenden sollte; durch eine Zusammenzählung der Zeiten dieser Bewegungen und durch Hinzufügung der entsprechenden Zuschläge, muß es möglich sein, die zur Verrichtung fast jeder Arbeit erforderliche Zeit festzustellen.	zu i) messen werden und ohne Bewegungsstudien sind alle Zeitstudien wertlos. Und es ist auch unmöglich, genaue Zeiten zu erhalten, wenn nicht vorher das Verfahren einwandfrei festliegt. Das eine beste Verfahren kann überhaupt nur durch ausgedehnte Bewegungsstudien und Vergleiche ermittelt werden.
k) The analysis of a piece of work into its elements almost always reveals the fact that many of the conditions surrounding and accompanying the work are defective; for instance, that improper tools are used, that the machines used in connection with it need perfecting, that the sanitary conditions are bad, etc. And knowledge so obtained leads frequently to constructive work of a high order, to the standardization of tools and conditions, to the invention of superior methods and machines."	k) Die Zerlegung einer Arbeit in ihre Elemente ergibt fast immer die Tatsache, daß oft die Arbeitsverhältnisse und -bedingungen mangelhaft sind; z. B., es zeigt sich hierbei, daß ungeeignete Werkzeuge gebraucht werden, daß die in Verbindung mit der Arbeit benutzten Maschinen vervollkommnet werden müssen, daß die gesundheitlichen Verhältnisse schlecht sind usw. Und die so erworbenen Kenntnisse führen oft zu einer auf besonders hoher Stufe stehenden synthetischer Arbeit, zur Normalisierung der Werkzeuge und Arbeitsbedingungen, zur Erfindung von besseren Verfahren und Maschinen."	zu k) Diese Aufschlüsse sollen sich sozusagen als ein Nebenprodukt einstellen. Die Ermittlung des einen besten Werkzeuges, des einen besten Arbeiters und der einen besten Art der Arbeitsverrichtung wird hier nicht systematisch verlangt und erstrebt.

Fällen, bis der Beobachter große Geschicklichkeit erlangt hat, ein Bericht über die tägliche Gesamtleistung des beobachteten Arbeiters zu führen (§ 104).

Der theoretischen Forderung Taylors, anstelle der bisher üblichen Verfahren des Ratens, des „Schätzens", genau und einwandfrei ermittelte Zahlen zu setzen, ist nichts entgegenzuhalten. Aber die gleiche Genauigkeit ist von der Praxis zu verlangen. Und hier zeigt sich bereits deutlich die ohne Zweifel bestehende Kluft zwischen dem Taylorsystem, wie es Taylor in der Theorie lehrt, und dem in der Praxis eingeführten Taylorverfahren.

Im Gegensatz zu früher sollen die Zeitstudien nach Taylor auf genauster völlig einwandfreier Grundlage beruhen. Es ist aber, und das werden alle Praktiker auf diesem Gebiet ohne weiteres bestätigen, einfach unmöglich, daß ein Neuling dieses „Verfahren" in „kurzer Zeit" erlernen kann. Taylor spricht hier sogar von der „Kunst" der Zeitermittlung! Kann sie jeder Neuling von heute auf morgen erlernen, dann ist es verfehlt, hier von einer „Kunst" zu sprechen.

Die Zeitermittlung geschieht mittels der Stoppuhr und zwar wird ein „erstklassiger Arbeiter" während er „schnell" arbeitet, beobachtet. Der Ausdruck „schnell" ist hier nicht glücklich gewählt; der erstklassige Arbeiter, der ja bereits sein Bestes leistet, darf nicht zur noch „schnelleren" Arbeit als gewöhnlich angehalten werden. Alle Gesetze der Gewohnheitsbildung, der Bewußtseinsentlastung werden durch ein vom normalen Tempo dieses Arbeiters abweichendes gestört.

Besonders wichtig ist aber die Taylorsche Forderung des „erstklassigen Arbeiters"; hier wieder ein in der Theorie vollkommenes System, das in der Praxis aber nur zu oft umgeworfen wurde. An dieser Stelle sei festgehalten, daß Taylor in „Shop Management" die Zeitbeobachtung an einem erstklassigen Arbeiter vorgenommen haben will.

Der § 101 empfiehlt, bei „wichtigeren Elementen" der Sicherheit halber viele Zeitbeobachtungen vorzunehmen. Und der § 104 mit seinem Gesamtleistungsbericht soll ebenfalls ein Sicherheitsventil darstellen. Die Möglichkeit des Irrtums wird hier offen zugegeben.

Diese Mängel kehren bei der von Taylor gegebenen genauen Schilderung der Methodik seines Verfahrens wieder. Es muß aber nochmals mit allem Nachdruck betont werden, daß die Theorie des Taylorsystems, seine grundsätzlichen Forderungen gesund sind, daß sie gewissermaßen den zu erstrebenden Idealzustand darstellen. Die Praxis konnte aber — teils aus Unkenntnis, teils aus Mangel an den erforderlichen Hilfsmitteln — nicht Schritt halten. Die an dem System geübte Kritik richtet sich daher auch vor allem gegen die eingeführten Verfahren.

Und es muß wieder als das Idealsystem bezeichnet werden, wenn, wie in § 136 auseinandergesetzt wird, es für jede Arbeit eine schnellste Zeit der Ausführung durch einen erstklassigen Arbeiter geben muß. Diese Zeit ist nach Taylor als die „schnellste" oder die „Normalzeit" der Arbeit zu bezeichnen. Auch in dieser Erkenntnis ruht einer der wichtigsten Grundsätze, vielleicht der wichtigste der Betriebswissenschaft. Für jede Arbeit, gleichgültig auf welchem Gebiet, muß es eine beste und schnellste Art der Verrichtung geben!

Gleichsam vorausahnend, vorfühlend, gibt uns Taylor hier die von der besten Art der Betriebsführung zu erwartenden Ergebnisse; aber erst der neueren, ja neuesten Zeit mußte es vorbehalten bleiben, Wege zur Erreichung dieser bereits vor fast vierzig Jahren erkannten Notwendigkeit zu weisen.

In seinem vollen Aufbau wird das Taylorsche Zeitstudienverfahren von § 323 ab geschildert. Der Verfasser geht in 76 Einzelabschnitten verhältnismäßig ausführlich auf sein Verfahren ein.

Auch hier bringt Taylor den Zweck der Zeitstudien wieder klar zum Ausdruck: die Ermittlung der Zeit zwecks Festsetzung von Stücklöhnen. Weiter nichts! Und doch war schon diese Erkenntnis gegenüber den früher üblichen Verfahren ein großer Schritt vorwärts. Wie alle großen Erfindungen, wie alle großen Erkenntnisse oder Gedanken war sie verbesserungsfähig; das Verdienst, sie erstmalig durchbildet und ihr Gestalt gegeben zu haben, wird und soll und kann dadurch nicht im Entferntesten geschmälert werden

Nach § 326 wird sich die Einrichtung einer Zeitstudien- und Lohnfestsetzungs-Abteilung vom ersten Tage an bezahlt machen. (Die deutsche Übersetzung von Shop Management „Die Betriebsleitung" sagt zwar das Gegenteil, wie überhaupt in diese Ausgabe vieles Mißverständliche, Sinnverwirrende hineingekommen ist. Die ganze Frage der Zeitermittlung hat in der deutschen Übertragung stark gelitten!)

Im Gegensatz zu der früher aufgestellten und bereits hier besprochenen Behauptung, daß es möglich sei, die „Kunst der Zeitermittlung" in kurzer Zeit zu meistern, betont Taylor an dieser Stelle die große Bedeutung der Zeitstudien. Dem Zeitstudienfach ist mit größtem Ernst gegenüberzutreten; es handle sich hier um ein Studiengebiet mit seinen ihm eigenen besonderen Hilfsmitteln und Verfahren, ohne deren eingehende Kenntnis ein Fortschritt nur sehr langsam, bei deren gänzlichem Fehlen so gut wie unmöglich sei.

Ein sorgfältiges streng sachliches Verfolgen des hier von Taylor beschriebenen Verfahrens wird nun vor allem die große Freiheit, die dem persönlichen so leicht dem Irrtum zugänglichen Urteil des Zeitstudienbeamten gegeben wird, hervortreten lassen und ein trotz aller Anerkennung der Notwendigkeit „genauer Zeitstudien" zwischen den Zeilen schlummerndes Gefühl der Unsicherheit zeigen, das, um gegen alle Möglichkeiten gedeckt zu sein, sich immer noch eine kleine Hintertür offen läßt!

Die Unterteilung der Arbeit wird der „Geschicklichkeit" und dem „Urteil" des Zeitstudienbeamten überlassen (§ 365).

Die auf Abb. 293 aufgezählten Einheiten hätten noch weiter unterteilt werden können (§ 333).

Die gegebene Formel für Karrenarbeit kann durch Wahl von Mittelwerten für die Konstanten ... vereinfacht werden (§ 347).

Der Abschnitt 350 spricht von einem Verbessern aller Elementarzeiten. Aber nur Fehler, Unstimmigkeiten oder Unebenheiten bedürfen einer Verbesserung!

Noch deutlicher kommt dieses Gefühl der Unzulänglichkeit der angewandten Verfahren in den §§ 357 bis 362 zum Ausdruck.

Taylor gibt selbst zu, daß sich infolge Nichtbeachtung der bei Vornahme der Studie herrschenden Verhältnisse und Arbeitsbedingungen, ja sogar durch Nichtbeachtung scheinbar unwichtiger Einzelheiten große Zeitbeobachtungen, die von ihm und seinem ersten Assistenten aufgenommen waren, als völlig unbrauchbar erwiesen und vernichtet werden mußten.

Das war zu Anfang seiner Arbeiten auf diesem Gebiet und kann als das bei jeder Arbeit zu entrichtende Lehrgeld betrachtet werden.

Befremdlicher muß es aber wirken, wenn die Tatsache bekannt wird, daß sich auch später wieder die vielen Tausende und Abertausende von Zeitstudienaufnahmen Taylors nach ganz kurzer Zeit als unbrauchbar erwiesen, und zwar aus dem gleichen Grunde!

Alle die in dem Buch „Time Studies for Rate Setting" wiedergegebenen Zeitstudien sind neuesten Datums; kurz vor seinem Tode mußte Taylor wieder die Früchte jahrelanger Arbeit vernichten, weil sie in ihrer unzugänglichen Aufmachung für eine weitere Benutzung unmöglich waren.

Das ist durchaus verständlich; denn die durch das Stoppuhr-Verfahren an den Beobachter gestellten Forderungen sind so groß und so mannigfaltig, daß kein Beobachter sie jemals wird ganz erfüllen können. Taylor konnte es nicht, seinen Nachfolgern ist es auch nicht geglückt und auch in Zukunft wird es keinem, der sich nur der Stoppuhr bedient, glücken, und zwar aus folgenden Gründen: das Element einer Bewegung, manchmal eine Zeit von weniger als ein Tausendstel einer Minute umfassend, dem Auge kaum sichtbar, kann von einem Beobachter, selbst wenn er mit einer ganz besonders kurzen Reaktionszeit und mit der besten Stoppuhr der Welt ausgestattet ist, nicht festgehalten werden. Der jeder Handlung, jeder Bewegung notwendig vorangehende geistige Prozeß wird einer so schnellen Beobachtung stets im Wege sein. Auf ein hundertstel Minute genau wird schon in den allerseltensten Fällen abgelesen werden können.

Taylor sagt aber selber, daß es von Bedeutung ist, alle, auch die unscheinbarsten Begleitumstände zu beachten!

Bei einer besonders viel kurze Elemente enthaltenden Arbeit wird der Zeitstudienmann Mühe haben, ihnen zu folgen noch etwas anderes zu gleicher Zeit zu beobachten, wird immer auf Kosten der Genauigkeit gehen müssen.

Diese Kritik des Stoppuhr-Verfahrens will aber keineswegs jeden Gebrauch des Meßmittels ablehnen. Kein Betriebsingenieur wird die Stoppuhr je ganz vermissen. Für gewisse Vorstudien, für Gelegenheitsarbeiten ist sie das gegebene Hilfsmittel; es heißt aber den Grad der Genauigkeit der Zeitstudien sehr stark herabsetzen, wenn man sich eines den Anforderungen des Problems in keiner Weise gewachsenen Hilfsmittels und Verfahrens bedient!

In einem am 16. Dezember 1920 vor der amerikanischen Taylor-Society gehaltenen Vortrag brachte Gilbreth gegen die alleinige Benutzung der Stoppuhr folgende Anklage vor:

Im Jahre 1903, zur Zeit von „Shop Management" war die Stoppuhr die genaueste Vorrichtung und das beste Verfahren, das bekannt war.

„Heute ist die Stoppuhr im Gegensatz zu einem Verfahren, das die entstehenden Bewegungen und die umgebenden Verhältnisse gleichzeitig mißt und festhält, als ganz minderwertig zu bezeichnen. Die Stoppuhr hat sich, hinsichtlich ihres Gebrauches als Lehrmittel und zur Übertragung von Geschicklichkeit, als vollkommen wertlos und mitunter sogar als irreführend erwiesen. Sie ist als nicht ethisch zu bezeichnen, da sie den Hauptgegenstand eines Abkommens, auf den sich die Löhne stützen, nicht klar herausschält, und sie ist schließlich auch vom wirtschaftlichen Standpunkt aus als unrationell zu bezeichnen, da sie nicht das Beste, das vorhanden ist, fest- und erhält."

Taylor spricht von den Elementarzeiten einer Arbeit; die von ihm benutzte Unterteilung dieser Arbeiten weist aber noch lange nicht wirkliche Elemente auf; sie umfaßt stets eine mehr oder weniger große Gruppe von Elementen — auch dieses bedeutet eine Rücksichtnahme auf die Unzulänglichkeit des menschlichen so leicht dem Irrtum verfallenden Wesens und der Stoppuhr.

Es wird einleuchten, daß, um endlich zu den von Taylor genannten und in letzter Zeit von seinen Nachfolgern in Amerika und in Deutschland propagierten Zeitnormen zu kommen, wirklich elementare Zeiten gemessen werden müssen, wenn nicht die Kosten der Zeitbeobachtung unerschwinglich hoch, nur einmal verwendbar und das Ergebnis unsicher sein soll, wie es aber bisher leider fast immer der Fall war.

Auch Taylor ist das theoretisch vollkommen klar. In § 67 seines „Piece Rate System" hebt er die Notwendigkeit besonders hervor, Zeitstudien für immer wiederkehrende Arbeiten einmal von einer Stelle aus anzustellen, die dann für alle Zeiten (once for all) Geltung haben sollten.

In § 367 (Shop Management) bestätigt er, daß eine schnelle und gründliche Zeitstudie nur durch eine möglichst elementare Unterteilung erreichbar sei. Und im zweiten Abschnitt des nächstfolgenden Paragraphen wiederholt er noch einmal, daß das Studium des einzelnen kleinen Elementes einfacher und schneller durchführbar sei und größere Aussicht auf Erfolg verspreche, als das einer großen Anzahl kombinierter Elemente. Taylor hat zur Ermittlung kleinster Zeiten, die nicht mehr einzeln mit der Stoppuhr erfaßt werden können, das sogenannte Barthsche Substitutionsverfahren angewandt, ein Verfahren, das auf algebraischen Gleichungen beruht.

Und gegen dieses Verfahren sind die gleichen Einwände wie gegen das bisher geschilderte Stoppuhr-Verfahren zu machen, die sich wie folgt zusammenfassen lassen:

1. Das Verfahren ist äußerst mühselig und langwierig. Die Kosten sind dementsprechend besonders hoch. Der Beobachter muß außerdem in Algebra sehr bewandert sein.

2. Es kann die zur Zeit der Untersuchung herrschenden Verhältnisse und Arbeitsbedingungen nicht naturgetreu und für alle Zeiten festhalten. Und ohne diese Angaben sind die ermittelten Zeiten wertlos!

3. Da völlig einwandfreie Daten durch die Stoppuhr einfach nicht erlangbar sind, werden auch die durch diese Gleichungen abgeleiteten Angaben ungenau sein. Diese Ungenauigkeiten sind wieder auf die bereits vorhin schon erwähnte Unfähigkeit des menschlichen Auges, winzig kleine Bewegungen zu beobachten, zurückzuführen.

4. Dann ist die Forderung zu stellen, kein Verfahren durch einen hochentwickelten geistigen Prozeß ausführen zu lassen, das ebensogut, und in diesem Fall noch besser und genauer, von einer mechanischen Vorrichtung übernommen werden kann!

Das Zeitstudienverfahren ist die wichtigste, interessanteste, aber entschieden auch die gefährlichste Phase neuzeitiger Betriebsführung. Nur mit größter Planmäßigkeit, mit größter Sachlichkeit und mit völliger Offenheit darf dem Problem gegenübergetreten und an seine Einführung gedacht werden. Wird sogar von „wissenschaftlichen Zeitstudien“ gesprochen, so muß ihre Handhabung auch wirklich den Gesetzen der Wissenschaft entsprechen, sonst kann diese etwas anspruchsvolle Bezeichnung leicht Anlaß zu einer Herabsetzung des ganzen Systems geben, wie es bereits des Öfteren geschehen ist.[1]

---

[1]) s. S. 57.

Ist das Verfahren, und das ist durchaus möglich, aber wirklich auf wissenschaftlicher Grundlage aufgebaut und wird es den Anforderungen der Wissenschaft durch genaueste Meß- und Auswertungsverfahren gerecht, so müssen seine Grenzen weiter gezogen werden, als es von Taylor in seinen Werken geschah.

Das wissenschaftliche Verfahren zeigt sich u. a. durch das Erfassen der kleinsten meßbaren Einheit. Der Physiker wird auf das Molekül zurückgreifen. Und in gleicher Weise muß die neuzeitige Betriebsführung, will sie auf wissenschaftlichen Charakter Anspruch erheben, auch auf die wirklich elementare Einheit zurückgreifen, was sie bisher in Ermangelung geeigneter Verfahren und Vorrichtungen noch nicht konnte.

In dem nachfolgend ganz kurz geschilderten Verfahren des amerikanischen Ingenieurs Frank B. Gilbreth ist der Versuch gemacht worden, diesen Mängeln abzuhelfen.

Von dem Grundsatz ausgehend, „je elementarer die Operation, desto mehr Gemeinsames" hat Gilbreth durch ausgedehnte Arbeiten die sechzehn Grundelemente eines Bewegungszyklus ermittelt, die in veränderter Folge bei jeder Arbeit immer wieder vorkommen, und die wirklich die elementarsten Einheiten darstellen sollen. Durch Permutation sind alle denkbaren Zusammenstellungen dieser Elemente möglich. Sie sollen dem Taylorschen Grundsatz „once for all" endlich zur Verwirklichung verhelfen, sie sollen den Grundstock zu wirklichen Zeitnormen geben, die ohne diese genaue Bewegungsanalyse nur halbe Arbeit darstellen und zwecklos sind.

Das Gilbrethsche Verfahren sei u. a. an Hand eines auf S. 342/3 im Juni 1919 im „Betrieb" erschienenen Aufsatzes „Präzisionsinstrumente für Bewegungs- und Zeitstudien" in ganz rohen Umrissen gegeben. Wer sich näher über dieses Verfahren unterrichten will, sei auf die zum Schluß des Buches aufgeführten Schriften hingewiesen. — — —

Gilbreth erläutert Bewegungsstudien als die Wissenschaft zur Ausschaltung aller Zeit- und Kraftvergeudung, die sich aus unnötigen, falsch angewandten und ungeeigneten Bewegungen ergibt. Er erstrebt in allem die Erreichung der zur Zeit möglichen besten Art der Arbeitsverrichtung.

Nach Gilbreth lassen sich Ergebnisse von bleibendem Wert bei der Durchführung von Bewegungs- und Zeitstudien nur dann erzielen, wenn die Messungen mit höchster Genauigkeit durch die Benutzung solcher Hilfsmittel erfolgen, welche die durch das „menschliche Element“ möglichen Irrtümer vollkommen ausschalten. Das bisherige, zur Durchführung der Messungen allein zur Verfügung stehende Hilfsmittel, die bekannten Stoppuhren in ihren verschiedenen Formen, ist aber solchen Irrtümern besonders unterworfen, da die Reaktionszeit des Beobachters die Genauigkeit der Ablesung notgedrungen beeinflussen muß. Die Griffzeiten, die mit der Stoppuhr erfaßt werden, sind demnach nur elementar in bezug auf die Stoppuhr, da es nicht möglich ist, mit dieser die für eine Griff- bzw. Elementarbewegung erforderliche Zeit absolut genau zu bestimmen; denn zur Betätigung der Stoppuhr sind zwei Entscheidungen und zwei Bewegungen des Beobachters notwendig. Es können demnach keine Einzelbewegungen beobachtet und aufgezeichnet werden, sondern immer nur ganze Bewegungsgruppen oder Griffe, die aus zusammengesetzten Bewegungen bestehen.

Ein zweiter und ebenfalls schwerwiegender Nachteil bei persönlich beobachteten und aufgezeichneten Zeiten ist darin zu sehen, daß Einflüsse, wie Umgebung der Arbeitsstelle, Werkzeuge und übrige Ausrüstung, die Zeitunterschiede bedingen, nicht erkennbar sind. Es ist dadurch keine Möglichkeit gegeben, die Ursachen besonders kurzer bzw. langer Zeiten zu erkennen und zu bestimmen. Infolgedessen wird die Genauigkeit der gewonnenen Ergebnisse in hohem Maße von der persönlichen Beobachtungsgabe und dergleichen mehr beeinflußt und bestimmt.

Allein nicht nur wissenschaftliche Überlegungen sprachen in bestimmten Fällen für den Ersatz der Stoppuhr, sondern auch rein praktische Forderungen. Die Arbeiter haben gegen Beobachter, von denen sie annehmen, daß sie nicht genug praktisches Verständnis für ihre Arbeit haben, um die Richtigkeit der aufgezeichneten Zeit zu beurteilen, ein gewisses Mißtrauen, so daß ein Zusammenarbeiten sehr erschwert, wenn nicht unmöglich gemacht wird. Dem Arbeiter wird ein Beobachter mit der Stoppuhr in der Hand überhaupt nie sehr sympathisch sein.

Es mußten also Apparate konstruiert werden, die diese Schwierigkeiten beseitigen, und die auch die einzelnen Bewegungsbahnen unter gleichzeitiger Zeitangabe aufzeichnen konnten.

Der erste Schritt in dieser Richtung war der, die ganze Arbeitsstelle mit dem Arbeiter, den Werkzeugen und allem Zubehör in bestimmten Zwischenräumen, die genau zu vermerken waren, photographisch aufzunehmen.

Einen weiteren Fortschritt bedeutete dann die Schaffung des Mikrochronometers und die Verwendung des Kinematographen. Hier wird die einfache photographische Kamera durch eine kinematographische ersetzt, während die Zeitmessung durch eine besonders hierfür konstruierte Uhr, den Mikrochronometer, erfolgt. Mit diesem Mikrochronometer können Zeiten bis zu $^1/_{100}$ sec herab gemessen werden, was bei der Stoppuhr ganz unmöglich ist. Nachdem es gelungen war, auf diese Weise sowohl den Gang der Bewegung wie die hierzu erforderliche Zeit mit absoluter Sicherheit zu ermitteln, ergab sich die Notwendigkeit, um alle in Betracht kommenden Faktoren erfassen zu können, die Länge der Bewegungen festzuhalten. Dies wurde durch Aufnahme des Arbeitsvorganges an einem in Quadrate eingeteilten Arbeitstisch und ebensolchem Hintergrund erreicht, und zwar durch zweimalige Exponierung des Films. Es werden also zwei Aufnahmen gemacht, erst die des schraffierten Meßhintergrundes, dann die der tatsächlichen Arbeit. Hierbei wird der Mikrochronometer so in das Gesichtsfeld der Kamera gebracht, daß die Zeigerstellungen der Uhr aufgenommen werden. Eine zweite Uhr, die in der Minute einmal herumgeht, kann zur Kontrolle mit aufgenommen werden. Auch sonstige Angaben, wie z. B. über Temperatur und Feuchtigkeit, den Ort und das Datum der Untersuchung usw. werden auf einer Tafel, die mit auf dem Bilde erscheint, festgehalten. Man kann also auf dem Film nunmehr Bahn, Länge, Richtung und Geschwindigkeit der Bewegungen ablesen und bestimmen. Auch die Umgebung der Arbeitsstelle ist erkennbar, wodurch eine völlige Unabhängigkeit von dem menschlichen Gedächtnis erzielt wird.

Um die nicht unerheblichen Ausgaben für die Filme zu vermindern, die der allgemeinen Verwendung hindernd im Wege standen, kam Gilbreth auf den Gedanken, durch eine Mehrfachbenutzung des Filmes, d. h. durch Anwendung einer von ihm entworfenen Blende den Film so zu verdecken, daß nur ein bestimmter Teil exponiert wird. Nachdem der Film den Apparat ganz durchlaufen hat, wird er einfach umgedreht und ein weiterer Teil von neuem exponiert. Auf diese Weise konnten anfänglich viermal soviel Bilder, wie es ursprünglich möglich war, aufgenommen werden. Später konnte man auf diese Weise mit einem einzigen Film sogar 24 Aufnahmen machen, verbilligte also die Kosten ganz erheblich. Bild 1 veranschaulicht die dabei erzielte weitgehende Ausnutzung der Filme. Bei Verwendung geeigneter Projektionsapparate genügten auch die kleinsten Bilder den an sie gestellten Anforderungen vollauf.

Ein Nachteil tritt jedoch auch hier in Erscheinung, nämlich die Schwierigkeit, sich die auf dem Film gezeigten Bewegungen wieder zu veranschaulichen und sich räumlich vorzustellen.

Diese Schwierigkeit wurde schließlich durch das sogenannte Zyklegraph-Verfahren überwunden. Bei diesem Verfahren wird an der Hand des Arbeiters oder an dem Maschinenteil ein elektrisches Lämpchen befestigt und die übliche photographische Aufnahme gemacht. Später wurden diese Aufnahmen stereoskopisch hergestellt, wodurch die Bewegungen dreidimensional festgehalten wurden. Hiermit waren allerdings noch keine Zeitaufzeichnungen möglich. Zur Zeitbestimmung wurde darum ein Unterbrecher in den Lichtstromkreis eingeschaltet, und zwar so, daß die Lampe während einer bestimmten Anzahl von Intervallen in der Minute aufleuchtet und wieder erlischt. Auf der Platte erscheint dann eine Reihe von Lichtflecken an Stelle der früheren ununterbrochenen Linie; an Hand der Lichtpunkte kann die verflossene Zeit ohne weiteres nachgemessen werden.

Die letzte Verbesserung bestand in der Richtungsbezeichnung der Bewegungen. Diese wurde erreicht, indem pfeilartige Lichtflecke erzeugt wurden, deren spitze Enden entweder nach vorn oder nach hinten zeigen, ähnlich wie bei Wegweisern, wo die Richtung durch Pfeile gekennzeichnet wird (Bild 2). Die Möglichkeit hierfür wird durch eine besondere Konstruktion der zur Stromunterbrechung dienenden Apparate gegeben, die zugleich eine passende Einstellung von Spannung und Stromstärke bei verschiedenen Stärken der Glühfäden in den elektrischen Birnen gestatten. Vergleiche Bild 3.

Solche Aufnahmen bedeuten nicht nur eine genaue Aufzeichnung und Festlegung der Bewegungen und Zeiten, sondern auch ein vorzügliches Lehrmittel. Nach den Aufzeichnungen des

Bild 1. Film mit 4 nebeneinander liegenden Bilderreihen.

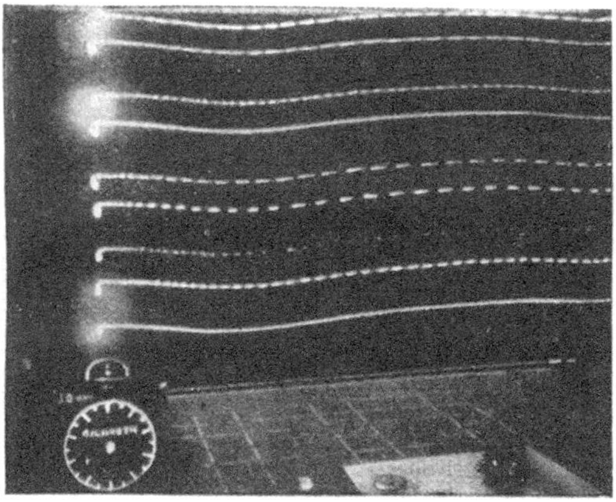

Bild 2. Lichtlinien verschiedener „Chronozyklegraph"-Unterbrecher.

Tafel II.

Bild 3. Chronozyklegraphischer Apparat.

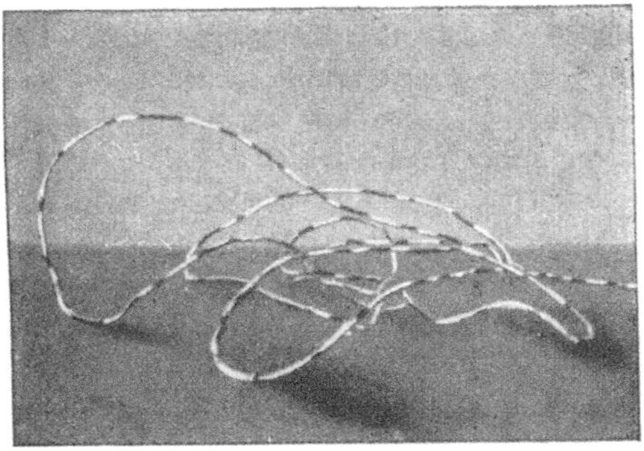

Bild 4. Drahtmodell für die Bewegung der linken Hand beim Falten von Taschentüchern.

Zyklegraph oder des Chronozyklegraph werden Drahtmodelle angefertigt, die die Bewegungen plastisch veranschaulichen. Bild 4 zeigt ein solches Drahtmodell, das besonders für Studien- und Lehrzwecke von großem Wert ist. Es zeigt die Bewegung in einer so eindeutigen und anschaulichen Form, daß sie nicht nur in allen Einzelheiten genau übersehen werden kann, sondern daß auch die Gesetze der die Bewegungen verursachenden und der durch sie bewirkten Vorgänge wissenschaftlich ermittelt werden können.

In diesem Zusammenhang sei zum Schluß noch kurz auf einige andere Hilfsmittel zum Bewegungs- und Zeitstudium hingewiesen. So wurde, um auch den bei einer Filmaufnahme entstehenden kleinen Zeitverlust zwischen den einzelnen Bildern zu vermeiden, ein doppelter kinematographischer Apparat benutzt; während man den Film des einen Apparates weiterdreht, nimmt der andere auf, wodurch eine ununterbrochene Aufnahme des Arbeitsvorganges erzielt wird, bei der auch nicht der Bruchteil einer Sekunde an Zeit verlorengeht.

Ein ebenfalls von Gilbreth gebauter Apparat zum selbsttätigen Mikrobewegungsstudium, der es jedem einzelnen ermöglicht, den von ihm ausgeführten Arbeitsvorgang selbst „privat" aufzunehmen, war der nächste Schritt in der Entwicklung.

Aus alldem ergibt sich mit immer zwingenderer Notwendigkeit, daß Bewegungsstudien den Zeitstudien vorangehen müssen. Erst sind die zu einer Arbeit erforderlichen Operationen in ihre kleinsten Bewegungselemente zu zergliedern, jede dieser Bewegungen ist auf ihre Notwendigkeit hin zu untersuchen. Erst nach dieser abgeschlossenen Untersuchung, nach Analysierung und Synthesierung des derzeit möglichen besten Verfahrens und nach Normalisierung der entsprechenden geeignetsten Geräte, Werkzeuge und der Umgebung darf an ein eigentliches Zeitstudium zur Ermittlung der kürzesten Ausführungszeit zwecks Lohnfestsetzung gegangen werden. Alle anderen Verfahren, die gleich mit einem Zeitstudium der bestehenden Verhältnisse einsetzen und von diesem Studium gewissermaßen als Nebenprodukt Vereinfachungen oder Verbesserungen erwarten, sind nur Halbheit.

Und auch in diesem Zusammenhang sei ausdrücklich hervorgehoben: eine Umstellung des Betriebes wird stets mehrere Jahre in Anspruch nehmen; Zeit- und Bewegungsstudien können unter Umständen erst nach zwei oder drei Jahren voll aufgenommen werden.

Und es ist bezeichnend, daß in Deutschland bis vor kurzem wohl hier und da die ersten Ansätze zur Einführung des Zeitstudienverfahrens zu merken waren, daß an ein systematisches Bewegungsstudium aber niemand dachte! In jüngster Zeit ist auch hier eine stärkere Würdigung dieser Phase neuzeitiger Betriebsführung zu spüren; es wird von „Zeit- und Bewegungsstudien" gesprochen, leider muß gesagt werden, unter Verkennung der Grundsätze des Bewegungsstudiums.

Schon die bisher angeführten Einwände werden die für unsere heutigen Verhältnisse als Unzulänglichkeiten des Zeitstudienverfahrens empfundenen Phasen zeigen. Ist erst einmal die Aufmerksamkeit der in Betracht kommenden Kreise auf diese bisher fast gar nicht beachteten Tatsachen gelenkt und allgemeines Interesse für sie geweckt, so ist die weitere Entwicklung in die richtigen Bahnen gewiesen. Der Betriebsfachmann, erst einmal „sehend" geworden, wird das Verfahren in Zukunft kritischer betrachten und die vorhandenen vielen guten Seiten von den einer genauen Prüfung nicht standhaltenden scheiden.

Diesen Abschnitt, über das vor allem in seinem Werk „Shop Management" grundlegend beschriebene Zeitstudienverfahren, beschließend kann zusammenfassend gesagt werden:

Die Theorie des Taylorschen Zeitstudienverfahrens, oder wie es hier genannt wurde, des Taylor-Systemes, ist im großen und ganzen einwandfrei. Taylors Praxis, überhaupt die eingeführten Taylor-Verfahren, werden ihr aber nicht voll und ganz gerecht. Noch zuviel Unzulänglichkeiten lassen ein den Ansprüchen der Wissenschaft gerecht werdendes Zeitstudienverfahren nicht zu!

IV. Der gegenwärtige Stand der Zeitstudienbewegung in Amerika.

Taylor gab Richtung und Methode zur Vornahme von Zeitstudien.

Die Erkenntnis, daß Zeitstudien ein untrennbares Glied jeder neuzeitigen Betriebsführung sein müssen, brach sich immer mehr Bahn.

Taylor verbreitete sein Wissen über diesen Gegenstand in seinen Vorträgen und in seinen Büchern; er bildete sich Nachfolger aus. Und heute gibt es trotz aller Anfeindungen und trotz aller Schwierigkeiten eine ausgedehnte „Zeitstudienliteratur" und recht viele „Spezialisten" auf diesem Gebiet. Besonders in Amerika ist die Bewegung weit vorgeschritten.

Die Grundlage dieser Bewegung baut auf das im vorigen Abschnitt gegebene Taylorsche Zeitstudienverfahren auf und zwar, was den genauen Kenner der drüben herrschenden Verhältnisse als so eigenartig anmuten muß, in einer so vollkommenen Anlehnung an das vor zwanzig und noch mehr Jahren erstmalig der Öffentlichkeit übergegebene Verfahren, daß man sich immer wieder erstaunt fragen muß: hat denn die in den letzten Jahren auf allen andern Gebieten besonders stark hervorgetretene Weiterentwicklung hier vollständig Halt gemacht?

Das heute in den Vereinigten Staaten verbreitete Zeitstudienverfahren ist in gleichem Maße wie das im vorigen Abschnitt gegebene den dort geschilderten Mängeln und Unzulänglichkeiten unterworfen. Durch die in vielen Fällen vorgenommene Loslösung aus dem Rahmen des Ganzen sind aber noch einige weitere durchaus anfechtbare Punkte mit hineingekommen.

Wohl als der erste Zeitstudienmann nach Taylor ist Sanford E. Thompson anzusehen, von dem die unglückliche Vorrichtung in Form eines Notizbuches zur heimlichen Beobachtung der Arbeiter herrührt, die noch bis in die jüngste Zeit hinein viel böses Blut gemacht hat. Ein Anfang 1921 im Teubnerschen Verlag erschienenes „Psychologische Wörterbuch" bringt unter dem Stichwort „Taylorsystem" vor allem eine Schilderung und Abbildung dieser versteckten Stoppuhr!

Erfreulicherweise ist diese Frage heute ein- für allemal abgetan, da alle ehrlich gesinnten Kreise sich in eindeutigster Weise gegen jedes versteckte Beobachten erklärt haben. Der Beobachter, der auch heute noch für ein verstecktes Beobachten der Arbeiter eintritt, ist mit allen Mitteln zu bekämpfen. — —

Ein weiterer langjähriger Mitarbeiter Taylors ist Dwight V. Merrick, der erst kürzlich — im Jahre 1919 — eine größere Arbeit auf diesem Gebiet geschrieben hat.

Dieses über 350 Seiten starke Werk „Time Studies as a Basis for Rate Setting," kann als Niederschlag seiner durch lange

Jahre gesammelten Erfahrungen einerseits und als letztes Wort Taylors andererseits betrachtet werden; es wurde zu Lebzeiten Taylors unter seiner Anweisung in Angriff genommen und nach seinem Tode mit seinem Gelde zu Ende geführt. (Der Testamentvollstrecker Taylors hat das alleinige Verfügungsrecht über das Buch.)

Und da das in Deutschland befürwortete und zum Teil schon in Einführung begriffene System der Zeitermittlung eine vollkommene Übernahme des Taylor-Merrickschen Verfahrens darstellt, so sei zunächst in gewisser Ausführlichkeit auf dieses Buch eingegangen.

Richtung und Endziel des Buches sind durch Titel und Leitsatz, stärkste Betonung und stetige Wiederholung eindeutig klar gegeben:

Time Studies as a Basis for Rate Setting — Time Study for rate setting is the means to attain the fundamental objects in manufacturing of high wages and low labor cost.

Zeitstudien als Grundlage der Lohnbestimmung — Zeitstudium zwecks Lohnbestimmung ist das Mittel, um die grundlegenden Ziele jeder Erzeugung zu erlangen, nämlich hohe Löhne und geringe Gestehungskosten.

Das Merricksche Buch identifiziert sich voll und ganz mit dem Taylorschen Zeitstudienverfahren.

Es will, nach dem Titel zu schließen, also nicht die eine beste Art der Arbeitsverrichtung ermitteln, es will also nicht den besten Arbeiter heranbilden, es will weiter nichts als reine Zeitstudien vornehmen zwecks Lohnfestsetzung; es betrachtet die Vornahme der Zeitstudien lediglich als eine Hilfsarbeit für die Lohnabteilung. Es ist wichtig, sich diese Einschränkung des behandelten Gebietes bei Wertung des Zeitstudienverfahrens vor Augen zu halten.

Die Taylorschen Gedanken sowie das von ihm vor allem in seinem im Jahre 1903 im „Shop Management" entwickelte Zeitstudienverfahren finden sich in diesem im Jahre 1919 herausgegebenen Buch wieder. Was man 1903, als das Verfahren noch in seinen Anfängen steckte, nicht vollkommener und nicht der aufgestellten Theorie entsprechender verlangen konnte, darauf muß heute, sechzehn Jahre später, nachdem sich die führenden Betriebsingenieure fast der ganzen Welt dem Problem widmeten, mit aller Entschiedenheit bestanden werden. Und zwar vor allem auf äußerster Genauigkeit!

Eine sorgsame und genaue Durchsicht des Merrickschen Buches wird gerade in dieser Beziehung sehr enttäuschen, wird Zweifel an dem Wert der Zeitstudien überhaupt aufkommen lassen.

Der Verfasser ist als einer der besten Zeitstudienmänner der Vereinigten Staaten bekannt. Die Kritik des von ihm angewandten Verfahrens wird also gleichzeitig eine Kritik der ganzen augenblicklichen Zeitstudienbewegung, die sich der Stoppuhr bedient, sein müssen.

Von den 366 Seiten des Buches handeln nur die ersten 163 Seiten von dem eigentlichen Zeitstudienverfahren. Der Rest des Buches ist verwandten Fragen (mehr organisatorischer Art) gewidmet — ein Gebiet, das Merrick, wie es den Anschein hat, wenig liegt.

Bei einer ersten Durchsicht fallen dem Leser gleich einige Unstimmigkeiten ins Auge. Es handelt sich hierbei zwar um mehr oder weniger äußerliche Einzelheiten, die auf den Kern des Verfahrens wenig Einfluß zu haben brauchen. Sie sind aber in gewisser Beziehung doch von Bedeutung: das von Taylor, also auch von Merrick, befürwortete System will sich ja gerade durch seine genauen, oder wie sie es nennen würden, durch seine auf wissenschaftlicher Grundlage beruhenden Verfahren von den früher üblichen ungenauen unterscheiden! Der nach diesem neuen Verfahren arbeitende Ingenieur muß also vor allem auf äußerste Genauigkeit in all seinen Arbeiten achten; erst sollten die Anwendungen der von ihm empfohlenen Grundsätze in seinen eigenen Arbeiten ersichtlich werden. Von diesem Gesichtspunkt aus kann bis zu einem gewissen Grade von den rein äußerlichen Unstimmigkeiten rückwirkend auf die Genauigkeit des ganzen Verfahrens geschlossen werden.

Die auf Seite 10 aufgeführte Beobachtung ist am 26. Februar 1916 gemacht worden. Die Auswertung der Beobachtung wird auf Seite 15 gegeben. Sie ist am 12. Juni 1918, also zweieinhalb Jahre später erfolgt! Die Maschinennummer heißt hier 1442 anstatt 14421 und der beobachtete Teil ist jetzt plötzlich ein Modell 1917. Da aber in der zweiten Abbildung tatsächlich die in der ersten ermittelten Zeiten ausgewertet werden, so scheint eine Verwechselung ähnlicher Bildstöcke nicht vorzuliegen.

Den gleichen Fall erleben wir bei den Abbildungen 8 und 9 auf S. 21 und 22. Die Beobachtung ist am 26. April 1916 gemacht worden; die Auswertung geschah erst am 12. Juni 1918.

In gleicher Weise muß es auffallen, daß viele der abgebildeten Vordrucke sehr ungenau ausgefüllt sind. Entweder ist ein Vordruck unausgefüllt zu zeigen oder aber ganz ausgefüllt. Das halbausgefüllte Formular ist in diesem Rahmen als unzweckmäßig zu betrachten. Ist ein Normalvordruck einmal entworfen, angenommen und eingeführt worden, so muß es ebenso eine Normalvorschrift geben, ihn „normal" auszufüllen. Sonst ist der Willkür in der Erledigung nun einmal notwendiger Einzelheiten wieder Tür und Tor geöffnet; gegenüber den früheren Verfahren also nicht viel gewonnen!

Hat also das von Merrick befürwortete Taylorsche Zeitstudienverfahren nur das eine Ziel — die Zeitermittlung zwecks Lohnfestsetzung — im Auge, so wird eine Kritik sich lediglich auf die Unzulänglichkeiten dieses Verfahrens im Hinblick auf die Lohnfestsetzung zu beschränken haben. Aber die Verfechter dieses Verfahrens wollen mehr, als sie zu wollen angeben; sie ziehen ihre Kreise weiter, sie wollen mit ihren Zeitstudien im Betrieb organisatorisch-reformatorisch wirken. Und versagen! Versagen notgedrungen, weil ihnen der Grund, auf dem sie bauen sollen, fehlt.

Ebensowenig wie es bei der im vorigen Abschnitt gegebenen Würdigung des Taylorschen Zeitstudienverfahrens möglich war, auf Einzelheiten einzugehen, wie es vor allem darauf ankam, die Aufmerksamkeit auf die Mängel des Gesamtverfahrens zu lenken, so muß auch die nachfolgende Kritik sich vor allem auf eine Würdigung einzelner hervorstechender, das Verfahren stark beeinflussender Erscheinungen beschränken. — — —

Bereits das von Carl G. Barth, ebenfalls einem der ältesten Mitarbeiter Taylors, dem Buch gegebene Geleitwort zeigt diesen Widerspruch zwischen gestecktem Ziel und zu bewältigender Aufgabe. Es hebt auf Grund Taylorscher Aussagen den Wert der „wissenschaftlichen Zeitstudien" als des Mittels, die zur Ausführung einer Arbeit gebrauchte Zeit festzustellen, hervor. Das würde sich mit dem Grundgedanken — Zeitstudien zwecks Lohnfestsetzung — voll und ganz decken. Barth geht weiter, er spricht aber auch von den mit den Zeitstudien „untrennbar zusammenhängenden Bewegungsstudien", er erweitert also das von dem Buch zu umfassende Gebiet ganz beträchtlich — denn Bewegungsstudien sind nicht nur ein Hilfsmittel zur Ermittlung der Arbeitszeit einer Operation, sondern führen, falls richtig aufgefaßt und angewendet, stets zur Ermittlung des zur Zeit möglichen einen besten Verfahrens, das in kürzester Zeit mit geringster Ermüdung, mit geringstem Materialverbrauch verrichtet werden kann. Aber dieses Ziel kann nur bei einem tief in das Gebiet der Psychologie, der Physiologie und der Wirtschaftswissenschaft eindringenden Studiums erreicht werden; es gründet sich, wie bereits angedeutet wurde, auf ein auf feinsten und genausten Messungen beruhendes Verfahren.

Und das war nicht das Endziel des Taylor-Verfahrens, ebensowenig wie es das Ziel des von Merrick empfohlenen Zeitstudienverfahrens ist. In beiden Fällen ist Zweck und Ziel ja klar und unzweideutig ausgedrückt worden: „die Ermittlung der zur Ausführung einer Arbeit erforderlichen Zeit“ und „Zeitstudien zwecks Lohnfestsetzung“.

Der Schluß der Barthschen Einleitung zeigt bereits ganz deutlich, daß er wohl das Wort „Bewegungsstudium“ aufgreift, aber seinen Sinn nicht voll versteht. Auf Seite VIII spricht er von den Fähigkeiten des Zeitstudienmannes. Dieser muß in der Lage sein, den zu beobachtenden Arbeiter inbezug auf seine Leistungsfähigkeit als „langsam, mäßig schnell, schnell oder außergewöhnlich flink und geschickt“ einzuschätzen! (To size up!) Der Beobachter, der hierzu wirklich imstande ist, müßte nicht nur ein bedeutender Psychologe sein, nein, er würde als Prophet gelten können! Ein solcher Beamter würde sogar jede Eignungsprüfung überflüssig machen, er brauchte den Bewerber nur einen Augenblick anzusehen, um sofort zu erkennen, in welche Klasse er gehört!

In dem hier gebrauchten Sinn muß dieses „Einschätzen“ als ein „Raten“ gedeutet werden; allerdings soll zugegeben werden, daß das „Raten“ vor Einführung des Taylorschen Verfahrens noch unzuverlässiger war!

Und dann wird der Wert des geschilderten Verfahrens insbesondere inbezug auf seine „Wissenschaftlichkeit“ auf Seite 9 von Barth selbst stark herabgesetzt. Die zweite und dritte Zeile dieser Seite lauten:

„However, it is at all times easiest and best to make observations on a first class, but not extraordinarily expert, operator.“

„Wie dem auch sein mag, es muß immer als am einfachsten und besten bezeichnet werden, die Beobachtungen an einem erstklassigen, aber nicht außergewöhnlich geschickten Arbeiter vorzunehmen.

Gerade über diesen Punkt, ob erstklassiger oder Durchschnittsarbeiter, ist schon viel geschrieben und gesprochen worden. Taylor sagt bereits in seinen ersten Schriften: alle Zeitstudien sind am erstklassigen Arbeiter vorzunehmen.[1]) Barth und also auch Merrick gehen einen Schritt zurück, sie wollen keinen „außergewöhnlich geschickten Arbeiter" aber wenn möglich einen erstklassigen haben. Die Deutschen stellen ihre Beobachtungen überhaupt nur an Durchschnittsarbeitern an (s. S. 58—59).

Und besonders dieses Vorgehen gibt dem Verfahren eine große Angriffsfläche und zeigt einwandfrei, daß die Grundsätze des Bewegungsstudiums von keinem dieser Vertreter des Zeitstudienverfahrens in vollem Umfang und richtig erfaßt worden sind, daß die Bezeichnung keine Bedeutung für sie hat.

Es ist bekannt, daß jede Arbeit, gleichgültig auf welchem Gebiet, von verschiedenen Menschen verschieden ausgeführt wird, daß es für jede Arbeit eine kürzeste und eine längste Zeit der Arbeitsverrichtung geben muß, und es wird einleuchten, daß dasjenige Verfahren, das die Arbeit in der kürzesten Zeit mit geringster Ermüdung ausführen kann, besonders leistungsfähig sein muß, daß hier besonders geschickte Bewegungen, eine besonders wirkungsvolle Arbeitsweise zur Anwendung gelangen müssen. Die Arbeitsweise des Durchschnittsarbeiters kann nicht viel Neues zeigen — es wird sich gewöhnlich um eines der vielen mittelmäßigen Verfahren handeln, die beim ersten Bewegungsstudium als in jeder Weise unzweckmäßig abgetan werden. Und die längste Zeit der Arbeitsverrichtung wird wieder insofern interessanter sein, als sie entweder gänzlich ungeeignete Arbeiter oder besondere Gefahrpunkte zeigt.

Die beste Arbeitsweise des besten Arbeiters sollte beobachtet und nach den Grundsätzen des zur Zeit möglichen einen besten Verfahrens unter Berücksichtigung aller erdenklichen Arbeitserleichterungen verbessert werden.

Der Einwand, daß ein solches Verfahren für den Durchschnittsarbeiter nicht in Frage kommt, ist wenig stichhaltig. Jeder Betriebsingenieur weiß nur zu gut, daß es wirklich erstklassige Arbeiter nicht im Überfluß gibt, ja, daß die sogenannten Durchschnittsarbeiter überwiegen. Und kein System der Betriebs-

[1]) s. S. 22.

führung, das die Zusammenhänge mit der Volkswirtschaft nicht außer Acht läßt, am allerwenigsten die funktionelle Betriebsführung, denkt auch nur im allerentferntesten daran, dem Durchschnittsarbeiter das Pensum des erstklassigen Arbeiters zuzumuten. Das wäre ja eine Verschwendung an Menschenkraft; das Hauptziel dieser Betriebsführung ist aber: Erhaltung und Förderung! Ein Verfahren, das die Mittel und Wege besitzt, die eine, beste, Art der Arbeitsverrichtung zu ermitteln, wird auch Mittel und Wege haben, um die Arbeitsfähigkeit des Arbeiters, unter voller Berücksichtigung seiner persönlichen Veranlagung, zu ermitteln.

Im Zusammenhang hiermit sei auch erwähnt, daß gerade die funktionelle Betriebsführung das Element des Unterweisens besonders stark hervorhebt. Der Durchschnittsarbeiter wird also durch verbesserte Arbeitsverfahren in die Lage gesetzt, mehr als vorher zu leisten — aber immer nur soviel, wie er, womöglich mit noch geringerer Ermüdung als vordem, niemals aber mit größerer Ermüdung, wirklich tagaus, tagein zu leisten imstande ist.

Das Beobachten des Durchschnittsarbeiters wird also immer nur die Arbeitszeit eines anerkannt mittelmäßigen Verfahrens ergeben — also immer eine Halbheit sein. Der Vorwurf der Halbheit, der von verschiedenen Seiten in Amerika und England aber auch in Deutschland einem solchen Zeitstudienverfahren gemacht wird, kann ihm nicht erspart bleiben.

Merrick spricht wohl gelegentlich von einem Studium der Bewegungen, gibt aber nie eine Definition dieses Studiums, wie es überhaupt auffällt, daß in dem ganzen Buch keine feste Regel und keine endgültige Definition gegeben wird. Er beschreibt die Methodik seines Zeitstudienverfahrens, der Endzweck der Bewegungsstudien in ihrem vollen Umfang wird ihm nicht klar.

Auf Seite VIII schreibt Barth zwar, „Zeitstudien können nicht von Bewegungsstudien getrennt werden“. Aber es wurde bereits gezeigt, daß Barths Begriff der Praxis gegenüber nicht standhält, und Merrick stellt Bewegungsstudien nicht an!

Auf Seite XIII erwähnt Merrick das zu seinem Verfahren gehörige Studium der „Elementarbewegungen“, und auf Seite 85 gibt er ein Beispiel dieser „Elemente“.

Daß die von Merrick in der Beziehung gebrauchten Redewendungen graue Theorie sind, daß er in der Praxis auf diesem Gebiet nie vorgegangen ist, zeigt ein genaues Studium seines Buches deutlich.

Auf Seite 4 wird der Ausdruck „Bewegungsstudium“ (Motion Study) gebraucht: es heißt hier:

„. . . Genau ausgedrückt, ist der Hauptzweck der Zeitstudie, die Zeit für eine Arbeit festzusetzen, die den ersten beiden aufgeführten Posten entsprechend mehr einer Analyse und Vereinfachung der Bewegungen entsprechen wird und zwar der Zeitstudie vorangehend — in Wirklichkeit Bewegungsstudien.“

Aber in seinem ganzen Buch ist kein Beispiel zu finden, wo er wirklich Bewegungsstudien vor Zeitstudien vorgenommen hat, wo er mit einem solchen Studium das zur Zeit beste Verfahren ermittelt und die Zeitstudie lediglich als Schlußstein des Verfahrens betrachtet. Im Gegenteil, die Zeitstudie und die ihr zur Kontrolle dienende Produktionsstudie sollen noch immer Mängel im Verfahren aufdecken und verbessern helfen! — — —

Der erste Teil des Merrickschen Buches beschäftigt sich mit den Grundsätzen, den Verfahren und Hilfsmitteln des Zeitstudiums.

Jede Arbeit, jede Aufgabe erheischt nach Merrick die Berücksichtigung von drei fundamentalen Grundsätzen: womit, wie und in welcher Zeit die Arbeit zu verrichten ist. Nach Seite 3 ist die Zeit das allerwichtigste Moment, alle anderen Faktoren sind unwesentlich. („How or with what it is done is quite immaterial, provided the task is accomplished expeditiously and economically. .“) Zum Schluß dieser Ausführungen wird hervorgehoben, daß unter keinen Umständen eine Zeit als Norm festgesetzt werden darf, wenn nicht vorher sowohl die zu benutzenden Werkzeuge wie das anzuwendende Verfahren genormt worden sind!

Merrick erkennt, daß es unmöglich ist, Zeitstudien ohne alle Vorbereitungen vorzunehmen. Er will, daß die zu benutzenden Werkzeuge und Verfahren festgelegt sind, ehe an die Zeitstudien herangegangen wird. Aber auch hier bleibt er auf halbem Wege stehen. In dem Ausspruch, daß es ganz unwesentlich ist, wie oder womit die Arbeit verrichtet wird, liegt der Schlüssel zu vielen der Arbeiterunruhen, die in Amerika und nicht nur in Amerika an der Tagesordnung sind, hierin ist einer der Hauptgründe für den Widerstand der Arbeiter gegen das System zu erblicken. Und zwar ist durch ein solches Vorgehen ein Identifizieren des Verfahrens einfach unmöglich.

Der Arbeiter soll aufgefordert werden, ohne absichtliche Beschränkung sein Möglichstes zu leisten. Ihm wird die Versicherung gegeben, daß der einmal festgelegte Lohnsatz nur dann geändert werden soll, wenn das in Frage kommende Verfahren eine einschneidende Änderung erfährt. Wenn es aber nach Merrick gänzlich unwesentlich ist, wie die Arbeit erledigt wird, so liegt es auf der Hand, daß Meinungsverschiedenheiten und Lohnstreitigkeiten Tür und Tor geöffnet sind.

Das Verfahren, auf Grund dessen ein bestimmter Lohnsatz festgesetzt wird, muß eindeutig, klipp und klar und in allen Einzelheiten festgelegt sein!

Das ist aber keineswegs der Fall. Diese Forderung Merricks bleibt rein theoretisch; in der Praxis wird sie nicht von ihm befolgt. Nach Seite 33 soll die Produktionsstudie, die ursprünglich als Kontrollmittel der eigentlichen Stoppuhrbeobachtung dienen sollte, und die für die Ermittlung von Zuschlagszeiten für den Durchschnittsarbeiter eine gewisse Berechtigung hat, jetzt auch das Mittel abgeben, um Mängel in der Arbeitsweise des betreffenden Arbeiters, an der Maschine oder inbezug auf die Geschwindigkeit der Maschine aufzuweisen. Die Produktionsstudie, sozusagen der Schlußstein seines Verfahrens, soll noch gewisse Organisationsfehler zeigen, die als erste Vorbedingung einer erfolgreichen Zeitstudie gleich zu Anfang hätten beachtet und verbessert werden müssen!

Die Wichtigkeit dieser ganzen Fragen ist noch gar nicht erkannt worden. Ein im Februar 1919 auf Seite 142 des „Betriebes" erschienener deutscher Aufsatz „Zeitstudien" empfiehlt den Betrieben, die Zeitstudien aufzunehmen gedenken, ein Normalisieren der Werkzeuge und Verfahren, hält das aber scheinbar nicht für unbedingt notwendig! Einem solchen Verfahren fehlt jedwede Basis bei Arbeiterschwierigkeiten! —

Auf Seite 5 streift Merrick eine Phase des Stoppuhr-Verfahrens, die besonders hervorgehoben werden muß; denn sie beleuchtet wieder einmal mit besonderer Deutlichkeit die nicht in die letzte Einzelheit durchgeführte Methode, und das unter stetiger Verkennung von wichtigen Grundsätzen aufgebaute Verfahren!

Merrick schreibt die Ausstreichung aller anomalen Werte vor, um eine allen Ansprüchen genügende Zeit der Arbeitsverrichtung festsetzen zu können. Auf diesen Punkt der Ausstreichung der anomalen Werte kommt er auf Seite 13 noch einmal zurück, und die Zeitbeobachtung auf Abb. 1 zeigt den praktischen Fall.

Dieses Ausstreichen der extremen Werte hängt mit der Frage des erstklassigen oder Durchschnittsarbeiters eng zusammen.

Kann die beobachtete niedrigste Zeit nicht auf einen besonders geschickten Griff, auf eine besonders günstige Behandlung des Materials hinweisen? Und müßte es nicht die Pflicht des Beobachters sein, diese zu ermitteln und von ihr zur Verbesserung des Verfahrens zu lernen? Und umgekehrt, sind nicht die besonders hohen Zeiten als Gefahrsignale zu betrachten, um die vorhandenen Widerstände schleunigst zu beseitigen? Oder sollen diese Extremzeiten alle auf Versehen des Beobachters zurückzuführen sein? In diesem Fall wäre dann allerdings auch den andern Zeiten nicht zu trauen; dann besteht zwischen dem früheren Kalkulator und dem „wissenschaftlichen" Zeitstudienmann kein großer Unterschied; dann brauchen die durch Zeitstudien bedingten höheren Kosten nicht angewendet zu werden!

Nach Ausstreichung dieser Extremzeiten werden die verbleibenden „normalen" Zeiten ausgewertet; sie werden äußerst genau ausgewertet, man kommt zu Mindestzeiten ausgedrückt in vierstelligen Dezimalzahlen — und doch können diese niemals so genau wie die ursprünglichen Zeiten sein!

Jedem Statistiker, ja jedem angehenden Wissenschaftler, ist es fast selbstverständlich, daß die endgültigen Durchschnittsergebnisse niemals genauer sein können, als die ursprünglichen Angaben, von denen sie abgeleitet wurden. Der Einwand, den man den amerikanischen aber auch den deutschen Zeitstudienmännern machen muß, besteht darin, daß sie fast mechanisch alle über oder unter eine bestimmte Grenze fallenden Zeiten von vornherein als „anomal" **oder** als „Ablesungsfehler" des Beobachters bezeichnen und ausmerzen. Und nicht einmal der Versuch wird gemacht, erst festzustellen, ob die ermittelte Zeit „anomal" oder auf einen „Ablesungsfehler" zurückzuführen ist. Alle Zeiten, die über oder unter eine bestimmte Grenze fallen, werden einfach gestrichen!

Die Anhänger dieses Verfahrens lassen sich also eine Gelegenheit, eine vielleicht wertvolle Anregung zur Erhöhung der Leistungsfähigkeit zu erhalten, unbeachtet entgehen!

Schon Taylor hat die Bedeutung des Ausnahmegrundsatzes (exception principle of management) hervorgehoben. Merrick, einer seiner engsten Mitarbeiter, schlägt diesen Grundsatz aber einfach in den Wind!

Zwei führende amerikanische Volkswirte und Statistiker haben sich gerade über diese Frage der Ermittlung und der Genauigkeit von Mittelwerten klar und eindeutig ausgesprochen. Die von ihnen niedergelegten grundsätzlichen Forderungen an einwandfreie Statistiken werden von dem Stoppuhrverfahren niemals erfüllt werden können.

Um Statistiken zu erhalten, die wirklichen Wert haben sollen, sind vor allem folgende grundsätzliche Forderungen zu beachten:[1])

1. Größte Sorgfalt muß in der Kenntlichmachung der Qualität des benutzten Materials aufgewendet werden.

King sagt in seinem Buch „Elements of Statistical Method" Seite 32, Abschnitt 17:

„Als einer der Nachteile der Statistik ist es zu bezeichnen, daß aus ihrem Aussehen nicht sofort ihre Qualität ersichtlich ist."

Auch die Stoppuhr versagt in dieser Beziehung vollkommen.——

2. Genauigkeit ist oberstes Gebot.

King, Seite 33, Abschnitt 18:

„Der Wert der Statistik hängt vor allem von der Genauigkeit der Zahlen ab."

Horace Secrist sagt in seinem Buch „An Introduction to Statistical Methods", Seite 27:

„Die Schwierigkeit liegt nicht notwendigerweise in der irrtümlichen Wiedergabe (trotzdem unzweifelhaft auch hierin ein wichtiger Faktor zu suchen ist) oder in der Genauigkeit, mit der solche Angaben festgestellt werden können, sondern in der Genauigkeit, mit der sie unter den herrschenden Verhältnissen ermittelt worden sind."

Es ist auseinandergesetzt worden, daß es unmöglich ist, mit dem Stoppuhrverfahren kleine Einheiten genau zu messen; vielmehr trifft es hier zu, daß je kleiner die Einheit, umso größer die Möglichkeit des Fehlers bei der Stoppuhr. Das wissenschaft-

[1]) Diese Ausführungen sind zum Teil entnommen aus: Gilbreth „Time and Motion Study", New York, 1920.

liche Verfahren verlangt aber die Untersuchung der kleinstmöglichen Einheit.

Auf Seite 76, Abschnitt 46 sagt King hierüber noch:

„Das Ergebnis kann nie genauer sein als die fehlerhafteste Angabe."

Und auf Seite 77, Abschnitt 47 heißt es:

„Die absolute Genauigkeit eines Ergebnisses kann nie die Genauigkeit der fehlerhaftesten Angabe, aus denen das schließliche Ergebnis zusammengesetzt ist, übertreffen."

Die ursprünglichen Angaben, die mit Hilfe der Stoppuhr erlangt wurden, sind ungenau; die Ergebnisse, ganz gleichgültig, wie genau und wie mathematisch sie nachher behandelt wurden, werden niemals genauer sein können. ———

3. Individuelle Unterschiede müssen festgehalten werden.

King, Seite 35:

„Aus der Natur der Sache heraus können und werden Statistiken niemals Einzelfälle berücksichtigen können. Wo es sich in dieser Beziehung um wichtige Angaben handelt, müssen andere Mittel angewandt werden."

Und gerade diese „Einzelfälle" spielen bei der Zeitstudie eine wichtige Rolle, da ihr Studium und die Untersuchung der hierzu führenden Ursachen oft den Fingerzeig zu wichtigen Verbesserungsmöglichkeiten des Verfahrens gibt. ———

4. Keine mathematische Genauigkeit kann die Ungenauigkeit der grundlegenden Angaben ausgleichen.

King, Seite 70, Abschnitt 44:

„Ein sehr häufig vorkommender Fehler ist der, durch irgend eine mathematische Manipulation den Zahlen einen erheblichen Grad von unechter Genauigkeit zu geben. Wo Zahlen vorkommen, die in Dezimalstellen ausgedrückt sind oder die eine Dezimalzahl als das Ergebnis von Multiplikationen, Divisionen usw. darstellen, muß man vor solch „unechter" Genauigkeit auf der Hut sein."

Auf die bei der Zeitermittlung angewandte mathematische Auswertung ist bereits hingewiesen worden. Ihre Gefährlichkeit sei hier nochmals unterstrichen. ———

5. Durch eine Erhöhung der Anzahl der Beobachtungen ist noch keine Gewähr für eine Erhöhung der Genau-

igkeit gegeben, wenn das Verfahren an sich nicht genau ist.

King, Seite 62, Abschnitt 38:
„Es ist weit besser, eine kleine Anzahl richtiger Beispiele zu haben, als eine große Anzahl unrichtiger."

Nicht einmal die Zusammentragung einer großen Anzahl von Angaben wird eine schließliche Genauigkeit zustande bringen. Merrick sagt, daß die von ihm auf Seite 17 seines Buches gezeigten Kurven „sich auf die Angaben einer großen Anzahl von Zeitstudien stützen", — es handelt sich hierbei aber in Wirklichkeit um nicht mehr nachzuprüfende, ungenaue Daten des Stoppuhrverfahrens. — — —

6. Die zu beobachtende Einheit muß genau ermittelt werden können.

King, Seite 46, Abschnitt 25:
„Die ausgesuchte Einheit muß nicht nur mit höchster Genauigkeit definiert werden; sie muß so beschaffen sein, daß sie auch richtig ermittelt werden kann."

Mit der Stoppuhr ist beides unmöglich. — — —

7. Es ist notwendig, die Wichtigkeit der **Ausnahme** zu betonen.

Secrist, Seite 291:
„Oft ist eine Abweichung von der üblichen Art, die vielleicht unbeachtet bleiben würde, gerade die Phase, die das größte Interesse beanspruchen sollte."

Es wurde bereits des Längeren ausgeführt, daß beim Zeitstudienverfahren solche Zeiten ausgestrichen werden, von denen der Zeitstudienmann „annimmt", daß sie „anomal" sind. Daß gerade diese Ausnahmefälle wichtige Fingerzeige bieten können, wird außer acht gelassen.

Auch von deutscher Seite liegen wichtige Äußerungen führender Psychologen und Statistiker zu diesen Fragen vor.

So äußern sich u. a. Wundt, G. E. Müller u. a. in ähnlichem Sinne. Gerade die Untersuchung der Abweichungen wird mitunter erst die Aufgabe bilden.

Auf Seite 536 seines Werkes „Grundzüge der physiologischen Psychologie" sagt Wundt:

„. . . In der psychologischen Verwendung jener physikalischen Methoden der Fehlerelimination von ‚Fehlern‘ zu reden, ist daher streng genommen selbst ein Fehler: der physikalische Beobachtungsfehler ist vielmehr, psychologisch betrachtet, eine Abweichung von irgendeinem mittleren Verhalten, deren individuelle psychologische Bedingungen das eigentliche Objekt der Untersuchung bilden. . .“

Seite 537:

„Wenn trotzdem die sogenannten psychischen Maßmethoden, den Begriff des Beobachtungsfehlers durchgängig im Sinne der physikalischen Methoden der Fehlerelimination festgehalten haben, so beruht eine solche Verkennung der wahren psychologischen Aufgaben zum Teil vielleicht darauf, daß man nun einmal jene Methode in fertiger Ausbildung in der Naturwissenschaft vorfand . . .“

Seite 544:

„. . . Davon aber, daß eine unmittelbare Übertragung der in der Physik und Astronomie bewährten Fehlermethoden hier deshalb unzulänglich sei, weil ein großer Teil der Schwankungen zwischen den Einzelbeobachtungen, um deren Elimination es sich bei objektiven Maßbestimmungen handelt, gerade das ausmachen, was für den Psychologen ein Hauptinteresse bildet, war in der Diskussion über die Frage des sogenannten ‚psychophysischen Gesetzes‘ so gut wie gar keine Rede . . .“

Seite 556:

„. . . Denn auch die Abzählungsmethoden lassen zwar hier auf Grund einer über viele Versuchsreihen sich erstreckenden Statistik die Gewinnung mehr oder minder wahrscheinlicher Mittelwerte zu. Bei der fließenden Natur der psychischen Größen sind aber solche Mittelwerte an und für sich von relativ geringer Bedeutung, und sie führen den Nachteil mit sich, daß bei ihnen mit den äußeren auch die inneren oder psychischen Einflüsse eliminiert werden, deren Ermittlung von besonderem Werte sein kann . . .“

Seite 558:

„. . . Nun gilt freilich überall, auf psychologischem wie auf physischem Gebiet, daß eine einzige gute Beobachtung mehr wert ist als eine große Zahl schlechter . . .“

Und in einer soeben im Verlag von Barth in Leipzig erschienenen kleinen Arbeit „Abzählende Methoden und ihre Verwendung in der psychologischen Statistik“ äußert sich der Verfasser, Otto Lipmann, auf ähnliche Weise.

Auf Seite 1 bis 2 heißt es:

„Eine, wohl die wesentlichste solcher Voraussetzungen ist die, daß die Einzelbestimmungen einer Messungsreihe, die durch eine Formel zusammengefaßt werden sollen, sich einer stetig verlaufenden Streuungskurve einordnen. In den Naturwissenschaften kann dieser Forderung fast immer entsprochen werden, insofern man hier meist in der Lage ist, etwa dennoch vorliegende Unstetigkeiten auf Messungsfehler zurückzuführen und sie als solche ohne weiteres zu eliminieren. In der Psychologie verhält sich dies anders, weil die Bedingungen, von denen das Ergebnis einer „Messung“ abhängig ist, hier viel kompliziertere und unübersichtlichere sind. Es sei nur an den ungeheuren Komplex von Bedingungen erinnert, der unter der Bezeichnung „Verhalten der Aufmerksamkeit“ zusammengefaßt und — damit abgetan zu werden pflegt. Es ist eine ebenso selbstverständliche wie unerfüllbare Bedingung für jede psychologische Messungsreihe, daß bei allen Einzelbestimmungen, deren Ergebnisse zu einem Kollektivgegenstande zusammengefaßt werden sollen, das Verhalten der Aufmerksamkeit das gleiche ist. Eben weil diese Bedingung niemals streng erfüllbar ist, — und aus anderen Gründen ähnlicher Art — ergeben sich bei psychologischen Messungsreihen fast immer Unstetigkeiten der Streuungskurve, und diese sind oft so zahlreich, daß sie den durch sie verdeckten regulären Verlauf der Streuungskurve nicht ohne weiteres erkennen lassen, und daß sie daher nicht einfach als „Messungsfehler“ eliminiert werden können. Es bedarf für jemanden, der mit psychologischen Zahlenmaterial gearbeitet hat, keiner näheren Begründung, daß es in der Psychologie zu völlig unhaltbaren Zuständen führen würde, wenn der einzelne Forscher willkürlich einzelne Werte, die ihm nicht passen, unberücksichtigt lassen könnte.“

Seite 22 sagt u. a.:

„Man wird also in jedem Falle auch die Streuungswerte mit in Betracht ziehen müssen; geschieht dies nicht, so kann ein solcher Vergleich völlig irreführen, nicht nur bezüglich der Größe eines etwa vorhandenen Unterschiedes zwischen den beiden Kollektivgegenständen sondern sogar bezüglich des Vorhandenseins eines solchen Unterschiedes bzw. bezüglich seiner Richtung.“ ———

Merrick sieht bei Festsetzung der Arbeitszeiten „angemessene Zuschläge“ für die Ermüdung und für vermeidbare und unvermeidbare Verzögerungen vor. Er greift auf die ausgedehnten Versuche Taylors zur Feststellung des Ermüdungszuschlages zurück. Aber auch hier ist sein Verfahren nicht folgerichtig bis zu Ende durchgeführt.

Die mit höchster mathematischer Genauigkeit ausgearbeiteten Barthschen Kurven zur Ermittlung dieses Ermüdungszuschlages sind durchaus anfechtbar! Da die bei Ermittlung der Kurven herrschenden Verhältnisse, die Umgebung und die Bedingungen der Arbeit nicht festgehalten wurden, ist es füglich unmöglich, die jetzt mechanisch übermittelten Kurven auf jedwede Arbeit und jedwede Arbeitsbedingungen, die in kaum zwei Fällen die gleichen sein dürften, mit Aussicht auf Erfolg anzuwenden. Ohne Identifizierung des Verfahrens — und das ist bei diesen Kurven nicht möglich! — ist das hierbei verwandte Material als wertlos zu bezeichnen! Und noch ein anderer nicht minder wichtiger Einwand ist gegen diese Kurven zu erheben: viele von ihnen hätten bedeutend niedriger ausfallen können, wenn zur Verhütung oder Verminderung der Ermüdung alles mögliche getan worden wäre.

Nach diesen Kurven wollen Taylor und Barth und Merrick auf die eingetretene Ermüdung Rücksicht nehmen, aber sie wollen sie nicht vermindern oder gar verhüten. Es ist nicht zuviel gesagt, wenn behauptet wird, daß zwanzig Prozent der täglichen Arbeitsleistung jedes einzelnen Arbeiters durch unnötige Ermüdung verschlungen wird. Was eine solche völlig nutzlose Kraftvergeudung der Industrie, der Volkswirtschaft und schließlich der Weltwirtschaft, von der gesundheitlichen Schädigung des einzelnen ganz zu schweigen, bedeutet, kann leicht ausgerechnet werden[1]).

Die Frage des Ermüdungszuschlages ist wichtig, die der Herabsetzung der nötigen und der Verminderung oder Ausmerzung der unnötigen Ermüdung von gleicher Bedeutung und Tragweite. Die ihr bisher in der Praxis geschenkte Beachtung ist ihrer Bedeutung nicht angemessen. Eine Erhöhung der Produktion ist ohne die Lösung des Ermüdungsproblemes undenkbar. —

Die bisher gezeigten Beispiele sollten genügen, um die wenig „wissenschaftliche" Art dieses Zeitstudienverfahrens zu zeigen. Und doch sind erst die allerersten Seiten des Buches gestreift worden, und doch kann noch viel Material aufgeführt werden, das nicht den Anforderungen eines „genauen" Studiums standhalten kann.

---

[1]) Prof. H. T. Spooner: „Industrial Fatigue in its Relation to Maximum Output" London, G. Routledge & Sons, Ltd.

Zusammenfassend seien gegen das im Merrickschen Buch verfochtene Stoppuhrverfahren folgende Einwände erhoben:

1. Die Zeitstudien brauchen nicht am unbedingt erstklassigen Arbeiter vorgenommen zu werden, (S. IX u. 5).

2. Ein einziger Ablesungsfehler beim Stoppuhrverfahren wird oft die zur Ausführung des beobachteten Elementes erforderliche Zeit ausmachen.

3. Die Erläuterungen lassen oft eine präzise Fassung zu wünschen übrig. So wird auf den Abb. 1, 3, 8 usw. die Eignung des Arbeiters als „gut" angegeben. Was ist hierunter zu verstehen? Ein erstklassiger oder ein Durchschnittsarbeiter oder was?

4. Dem persönlichen, immer leicht dem Irrtum zugänglichen, Element wird fast unbeschränkter Spielraum gewährt. Das tritt besonders auf den Ausführungen auf Seite 5 und 6 des Merrickschen Buches klar zutage. Zuviel wird der „Urteilskraft" des Beobachters zugemutet; ihm wird freigestellt, in seiner Zeitbeobachtung solche Zeiten, die ihm als „anomal" erscheinen, zu streichen. (S. 5 und 14) usw. Der Beobachter soll ferner „beurteilen" können, mit welcher Geschwindigkeit der Ausführende während der Beobachtung arbeitet und mit welcher Geschwindigkeit er eigentlich hätte arbeiten sollen. (S. 14, fünfter Abschnitt). Das bereits bei zwei Beobachtern die Zeiten immer auseinandergehen werden, liegt auf der Hand.

5. Die gewonnenen Daten werden rechnerisch äußerst genau ausgewertet. Die Ergebnisse, vierstellige Dezimalzahlen, bieten auf den ersten Blick den Eindruck äußerst genauer Arbeit, bis man erkennt, daß zunächst wichtige aber unbequeme Daten einfach ausgestrichen wurden, und daß die ganze Zeitermittlung sich nicht auf das beste und in bezug auf Bewegungsstudien auf ein noch gänzlich unberührtes Verfahren bezieht!

6. Die sogenannte „Vorbereitungszeit" (Preparation Time, S. 16, Zeile 6) kann noch weniger genau ermittelt werden. Sie wird als ein „normaler" Zuschlag, der mehr oder minder schwanken kann, zur festgestellten Ausführungszeit hinzugenommen. (The time allowed for performing these operations is standard, being arrived at by previous time study, and in some cases is more or less liberal.) Ein eigenartiger Begriff einer Norm!

7. Zu der ermittelten Ausführungszeit und dem eben erwähnten sogenannten Vorbereitungszuschlag kommt jetzt noch ein Zuschlag für Hand- oder Maschinenarbeit. (S. 16, Abschnitt 3.)

8. Dann kommt noch ein Zuschlag von 25 vH zum Ausgleich für mögliche Störungen oder dergleichen — im besten Fall eine Schätzung auf Grund früherer Ergebnisse. (S. 16, Abschnitt 4.)

9. Und dann kommt noch ein Zuschlag — der vierte — von $2^1/_2$ vH für Instandhaltung der Maschinen usw.!

Merrick ist sich scheinbar aber auch der Schwäche dieses Verfahrens bewußt; er empfindet scheinbar selber, daß auch die verwickeltsten mathematischen Formeln und die schwierigsten Rechenaufgaben die wirkliche Genauigkeit seines Verfahrens nicht erhöhen; er empfiehlt deshalb als „Kontrollmittel" die Produktionsstudie oder das Studium der Gesamtzeiten einer Arbeit.

Das dritte Kapitel des hier besprochenen Buches ist ausschließlich dieser Stufe seines Verfahrens, der Produktionsstudie, gewidmet. Eine aufmerksame Durchsicht wird die eben erwähnte Unsicherheit des Verfassers inbezug auf die unbedingt zuverlässige Durchführbarkeit seines Verfahrens vollauf bestätigt finden. Er gibt offen zu, daß Fehler vorkommen, daß die Arbeiter unter Umständen nicht nach den festgesetzten Zeiten arbeiten und daß die Zeitbeobachtungen oft nur flüchtig und falsch gemacht werden können. Und diesen soll die Produktionsstudie nach Möglichkeit abzuhelfen versuchen.

Die Produktionsstudie hat aber nur einen gewissen Wert für die Feststellung von Zuschlagzeiten für den Durchschnittsarbeiter.

Gerade dieses dritte Kapitel zeigt die Unzulänglichkeit des Verfahrens besonders deutlich — es zeigt besonders die Gefährlichkeit des persönlichen Elementes und enthält mancherlei Widersprüche, die an der Einheitlichkeit des Verfahrens zweifeln lassen. So wird auf Seite 21 dem Beobachter empfohlen, allen Verzögerungen und Stockungen seine vollste Aufmerksamkeit zu schenken: gerade diese können ihm vielleicht manchen wichtigen Fingerzeig über ein sofort zu behebendes Übel geben. Aber auf Seite 11, Zeile 15, wurde ihm gesagt, nicht allen, nur einigen besondern Störungen in der Arbeit Aufmerksamkeit zu schenken und nachzuspüren.

Und auf Seite 12 wird auseinandergesetzt, daß nach Beendigung der Gesamtuntersuchung die Einzelzeiten auszurechnen seien. Auf Seite 31 wird die große Bedeutung des sofortigen Herausziehens der Einzelzeiten während der fortschreitenden Beobachtung hervorgehoben! —

Zeitstudien kosten Geld, sehr viel Geld sogar! Sind sie wirklich genau, hat man das Gefühl, sich wirklich auf sie verlassen zu können, so sind sie das aufgewandte Geld wert, so bedürfen sie keiner Kontrolle, also auch keiner Produktionsstudie in dem hier geschilderten Sinn der Beobachtungskontrolle. Aber dem ist nicht so.

Dieser Mangel wird bestehen bleiben, bis die beiden Grundübel erkannt und verbessert werden: die völlige Unzulänglichkeit des Stoppuhrverfahrens, und die hierdurch bedingte Unmöglichkeit, eine Unterteilung der Arbeit in ihre tatsächlichen Elemente, in die kleinstmöglichen Bewegungselemente, vorzunehmen.

Das diesen Mängeln entgegentretende vom persönlichen Element unabhängige Mikrobewegungsverfahren bedarf keiner „Produktionsstudie". Es ruht auf den Grundsätzen des Bewegungsstudiums; es ist, da es die wirklichen Elementarbewegungen erfaßt, weit weniger kostspielig als das Stoppuhrverfahren. Die einmal von ihm festgesetzten Zeiten, die Zeitnormen, haben wirklich für alle Arbeiten und für immer Gültigkeit!

Zieht man die Millionen von Beobachtungen in Betracht, die bisher mit Hilfe der Stoppuhr vorgenommen wurden und stellt dann Ermittlungen darüber an, wie viele dieser Beobachtungen ihre Zeit überlebten und auch heute noch brauchbar sind und zur Verfügung stehen, so ist die Schlußfolgerung, daß das Stoppuhrverfahren bedeutend kostspieliger als das Mikrobewegungsverfahren ist, eigentlich recht naheliegend. Die Mikrobewegungsaufnahmen sind für alle Zeiten brauchbar; die uns durch den Film auf anschaulichste Weise bekanntgegebenen Arbeitsverhältnisse, die Zeitangaben, usw. — alles das ist so einwandfrei klar, daß Verfahren und alle Begleitumstände auch nach Jahren wie am ersten Tage identifiziert werden können. — — —

Taylor hat gewisse Grundsätze über die Leitung eines Betriebes aufgestellt, die vor der Vornahme irgendwelcher Zeitstudien beachtet und befolgt werden müssen; die Taylorschen „Funktionsmeister" sind mit die wichtigsten Neuerungen seines Systems. Diese Grundsätze werden von Merrick nicht beachtet; seine Schilderungen auf Seite 31 bis 33, wie der Zeitstudienmann offenbare Mängel des Riemenantriebs einer Maschine „bemerkt" und dem diensttuenden „Meister" vorschlägt, hier Abhilfe zu schaffen, beweisen das. Taylors „Instandhaltungsmeister", der für stete Instandhaltung und ständige Beaufsichtigung aller Maschinen zu sorgen hat, ist Merrick scheinbar gänzlich unbekannt!

Auf Seite 80 heißt es u. a.: „Die Zusammenstellung übersichtlicher Zeittabellen für irgendeine Industrie bedingt eine ungeheure Arbeit, da ... die erlangten Daten analysiert und so lange nachgeprüft werden müssen, bis auch nicht der geringste Zweifel in bezug auf Richtigkeit und Zuverlässigkeit der erlangten Angaben besteht." Die sich auf diese überaus deutliche Art äußernde Unsicherheit, die durch die umfangreichen Nachprüfungen erforderlichen ungeheuren Kosten und die trotzdem infolge des unzulänglichen Stoppuhrverfahrens stets vorhandene Möglichkeit von grundlegenden Irrtümern kann wohl am besten das Urteil über dieses heute in keiner Weise mehr zeitgemäße Verfahren liefern. — — —

Die Untersuchungen an der Gisholt-Maschine, die neuesten Datums sind, nehmen einen sehr großen Raum in den Erörterungen des Merrickschen Buches ein. Diese Untersuchungen sind auf größter und breitester Grundlage durchgeführt worden; einzelne Phasen der Arbeit, wie z. B. die Strichzeichnungen, sind ausgezeichnet.

Aber die an diese Untersuchung gewendeten sehr beträchtlichen Mittel werden nur in den seltensten Fällen zur Verfügung stehen; hier machten sie sich bezahlt, weil gewisse nicht minder großzügig angelegte Reklameabsichten damit verbunden waren. Liefert doch die Gisholt-Gesellschaft mit jeder verkauften Maschine gleich die erforderlichen Unterlagen über Leistungsfähigkeit, Schnittgeschwindigkeit und alle Zeitstudienangaben mit!

Aber nur die Stoppuhr wurde bei diesen Ermittlungen verwandt; auf absolute Zuverlässigkeit dürfen die Ergebnisse daher keinen Anspruch erheben.

Auf Seite 91 wird eine Zeittabelle „Moving Rail by Power" aufgeführt. Die Zeiten werden in zehntausendstel Minuten aufgeführt, etwas, das mit der Stoppuhr nicht erreichbar ist. Alle führenden Zeitstudienleute, die sich nur der Stoppuhr bedienen, sind sich klar, daß auf mehr als 0,01 min nicht abgelesen, ja, daß diese Grenze nur in den allerseltensten Fällen erreicht werden kann.

Auf Seite 8 seines Buches hebt Merrick das ebenfalls besonders hervor.

Taylor sagt nach § 360 (Shop Management), daß alle, auch die scheinbar selbstverständlichsten Einzelheiten festgehalten und vermerkt werden sollten. Auf dieser Tabelle fehlt es dagegen an allen Einzelheiten. Die erste Position heißt „Zange vom Werkzeugständer holen", Angaben, wo sich der Werkzeugständer befindet und an welcher Stelle die „Zange" liegt, sind nicht vorhanden, usw.

Auf Seite 112 spricht Merrick im zweiten Absatz über die Stellung des Arbeiters zu seiner Arbeit und zu seinem Arbeitsplatz. Die Forderungen Taylors, auf die er stets großes Gewicht legte, der Stellung der Füße des Arbeiters besondere Aufmerksamkeit zu schenken, sind in keiner Weise beachtet. Gerade dieser Punkt ist es aber auch, der sehr zu Identifizierung des Verfahrens beiträgt — ein Punkt von außerordentlicher Bedeutung, der aber leider nur zu oft außer acht gelassen wird.

Und in gleicher Weise könnten sich noch viele ähnliche Fälle, die alle zum Gesamtbild des Verfahrens gehören, aufzählen lassen. Doch verbietet der dieser Schrift zur Verfügung stehende Raum ein weiteres Eingehen hierauf. — — —

Der zweite Teil des Buches ist den Gebieten gewidmet, die der Technik der Zeitstudien verwandt sind. Er handelt von der Organisation einer Zeitstudienabteilung, von der Klassifikation der Zeitstudiendaten, von Arbeitsanweisungskarten usw.

Im Rahmen der vorliegenden Schrift, die sich vor allem mit dem eigentlichen Zeitstudienverfahren beschäftigen soll, kann eine eingehende Würdigung dieses Teiles nicht erfolgen.

Die Behandlung der organisatorischen Fragen läßt aber klar erkennen, daß Merricks eigentliches Arbeitsgebiet die Zeitstudie ist. Die große Gefahr, daß Merrick in der Pflege und in dem Ausbau dieses einen Teiles eines weitverzweigten Gebietes den Zusammenhang mit dem Ganzen aus den Augen verliert, besteht dabei zweifellos.

Zur Festsetzung von Stücklöhnen dürfen Zeitstudien unter keinen Umständen vorgenommen werden, bevor nicht der betreffende Betrieb oder das betreffende Unternehmen allen Anforderungen einer neuzeitigen Betriebsführung entspricht.

Gegen diese Forderung, die eigentlich ganz selbstverständlich ist, wird heute noch viel gesündigt. Merrick unterliegt ihr und auch noch viele andere Vertreter des Taylorschen Stoppuhrverfahrens verfallen in denselben Fehler.

Zum Schlusse dieses Abschnittes über den Stand der Frage in Amerika soll noch kurz bemerkt werden, daß die Namen der Ingenieure Hathaway, Lichtner, Gerber usw. alle mehr oder minder stark mit der Zeitstudienbewegung verquickt sind. Ihre Verfahren sind aber den bisher geschilderten im großen ganzen gleich. Die Vorzüge und Nachteile des Taylorschen Stoppuhrverfahrens finden wir auch hier in gleichem Maße.

Zusammenfassend sei also gesagt, daß die Zeitstudienbewegung in den Vereinigten Staaten wohl großem Interesse begegnet, daß aber die in der Praxis eingeführten Verfahren in den letzten zwanzig Jahren keine Fortschritte gemacht haben. Das von Taylor vor mehr als fünfunddreißig Jahren eingeführte Verfahren ist trotz des regen Interesses und der öffentlichen Erörterung, sowie trotz der Mitarbeit der fähigsten Ingenieure von den Taylor-Anhängern nicht den heutigen Anforderungen entsprechend ausgebaut worden. Und die heutigen Anforderungen verlangen gebieterisch die Abschaffung der Stoppuhr und ihren Ersatz durch eine Vorrichtung, die wirklich „Elementarzeiten“ mit allen Begleitumständen aufzunehmen in der Lage ist.

V. Der gegenwärtige Stand der Zeitstudienbewegung in Deutschland.

In Deutschland ist die Bewegung ganz ähnliche Wege wie in den Vereinigten Staaten gegangen.

Das Interesse an Zeitstudien ist groß; der Anhänger des bisher geschilderten Verfahrens, des Taylorschen Stoppuhr-Verfahrens, sind viele; aber auch Anhänger jener andern Bewegung, die sich von der Stoppuhr ganz lossagen und zur gewöhnlichen Taschenuhr zurückkehren wollen, sind vorhanden.[1])

Diese Kreise wollen die Zeitstudien, die sie bisher als Mittel der Lohnfestsetzung betrachteten, jetzt lediglich als gelegentliches Kontrollmittel benutzen und ihr nur bedingte Notwendigkeit beimessen. Wieweit sie auf dieses Hilfsmittel verzichten

---

[1]) Knöppel. Die Entfernung der Stoppuhr aus industriellen Betrieben. Iron Age, 18. Sept. 1919, S. 766 bis 67.

können, das bei richtiger Anwendung berufen ist, an Stelle der bisher herrschenden Disharmonie Harmonie in den Betrieb zu bringen, das wird die Zukunft zeigen. Hier sei nicht weiter auf sie eingegangen, da die Notwendigkeit genauester Zeitstudien als gegeben erachtet wird und ein Vorgehen wie das oben angedeutete als Halbheit empfunden werden muß.

Bewegungsstudien sind in Deutschland bis in die jüngste Zeit, von einigen Ausnahmen abgesehn, so gut wie unbekannt.

Das Interesse an dieser Phase der neuzeitigen Betriebsführung scheint in letzter Zeit indessen gewachsen zu sein, man begegnet der Bezeichnung „Zeit- und Bewegungsstudium" öfters, meistens aber in unrichtiger Auffassung. Sie wird von einigen Zeitstudienleuten sogar als ein Teil ihres Zeitstudienverfahrens zur Lohnfestsetzung — als das Messen kleinerer Zeiten mittels der Stoppuhr — bezeichnet.

Von dem Stand der Zeitstudiumbewegung in Deutschland kann zusammenfassend gesagt werden, daß

1. mit Bewegungsstudien noch kein praktischer Versuch gemacht worden ist,
2. Zeitstudien zum Teil in engster Anlehnung an die amerikanischen Verfahren nach Taylor übernommen worden sind, oder
3. ihre Annahme als nicht unbedingt erforderlich abgelehnt wird.

Eine Betrachtung der deutschen Verhältnisse auf diesem Gebiet wird sich daher sehr kurz fassen können. Ein eigentlich deutsches Verfahren, das dem gleichen Zwecke dient, gibt es noch nicht.

Erwähnung verdient an dieser Stelle ein vor kurzem erschienenes Buch von Ed. Michel „Wie macht man Zeitstudien?", das fast als deutsche Ausgabe des im vorigen Abschnitt besprochenen Merrickschen Buches anzusehen ist.

Es lehnt sich sehr stark an Merrick an, benutzt aber auch noch einige andere Quellen, so z. B. Hathaway, der auch zu den früheren langjährigen Mitarbeitern Taylors gehört.

Näher eingegangen brauchte auf dieses Buch nach den vorangegangenen Abschnitten nicht mehr zu werden, wenn es nicht aus dem Grunde Beachtung verdiente, daß der Verfasser es als Obmann des Ausschusses für Zeitstudien beim Ausschuß für wirtschaftliche Fertigung herausgegeben hat. Es seien daher einiger Einzelheiten, die kennzeichnend für das in Deutschland angewandte Zeitstudienverfahren sind, Erwähnung getan.

Genau wie bei Taylor und seinen Anhängern finden wir auch hier das Ausstreichen der sogenannten „anomalen" Werte; auch hier wird nicht der eine, beste, Arbeiter, sondern ausdrücklich der „Durchschnittsarbeiter" verlangt; keinerlei Versuch wird unternommen, das eine beste Verfahren vor der Vornahme der Zeitstudien zu ermitteln; der Ermüdungsverhütung wird keine Beachtung geschenkt usw. Dem persönlichen Element, das, wie wir schon sahen, so sehr leicht dem Irrtum zugänglich ist, wird größte Freiheit gewährt.

Bei dieser deutschen Wiedergabe amerikanischer Verfahren, deren Annahme empfohlen wird, muß es befremden, daß das Buch verschiedentlich Angriffe gegen Amerika, gegen Taylor und gegen seine „wissenschaftlichen" Verfahren enthält.

Daß das sogenannte Taylorverfahren — im Gegensatz zu dem von Taylor theoretisch völlig einwandfrei festgelegten Taylorsystem, in sehr vielen Fällen, besonders aber in bezug auf seine Zeitstudien, nicht den Anspruch auf Wissenschaftlichkeit erheben darf, ist zum Teil in dieser Arbeit auseinandergesetzt worden. Gerade dieser Punkt des „wissenschaftlichen" Verfahrens wird vom deutschen Verfasser stark hervorgehoben, und überlegen wird auf ein Zitat Hellpachs aus der „Elektrotechnischen Zeitschrift" Heft 32, 1920, hingewiesen, wo Hellpach über die sehr kräftigen Schatten des Taylorsystems spricht, die mit der oft voreiligen Fixigkeit der Anwendungsgewißheit bei sehr unfertigen wissenschaftlichen Ergebnissen kamen. Herr Hellpach fährt dann fort: „Uns Deutsche befällt angesichts des Begriffes „scientific", mit dem Taylor um sich wirft, nicht selten ein Lächeln!"

Aber dieses Bild der Überlegenheit wird einigermaßen getrübt, indem das vollkommen aus dem Amerikanischen übernommene Verfahren mit all seinen sicherlich guten und seinen schlechten Seiten jetzt plötzlich den Stempel der „Wissenschaftlichkeit" erhält! Haben das die mathematischen Formeln, die in der deutschen Ausgabe weiter ausgebaut wurden, zuwege gebracht?

Wie schon bemerkt, gelten die im vorigen Kapitel aufgeführten Mängel des Stoppuhr-Zeitstudienverfahrens im großen ganzen auch für das deutsche Buch. Aber mit einer gewissen Einschränkung; mit einer rein psychologisch betrachtet ganz außerordentlich interessanten Abweichung!

Es ist weltbekannt, daß der Deutsche gern „verbessert". Gibt doch der Chinese Ka-hang-ming den Deutschen den Rat, beim Erlernen der chinesischen Sprache nicht gleich mit ihrer Verbesserung anzufangen!

Der Verfasser des deutschen Buches und der von ihm vertretene Kreis haben das in Amerika gebräuchliche Verfahren in seinem ganzen Aufbau übernommen; aber es ist gerade so außerordentlich interessant, verfolgen zu können, wie hier manche Ungenauigkeit, manche Unstimmigkeit des amerikanischen Verfahrens erkannt oder vielleicht auch nur gefühlt wird; wie sich das Bestreben zeigt, manche wohl schon nicht als ganz einwandfrei erkannte Phase des Systems zu entschuldigen, zu erklären, Autoritäten zur Rechtfertigung heranzuziehen, wie auch der Versuch gemacht wird, Einzelheiten des Verfahrens zu „verbessern"! Und es soll hier auch ohne weiteres zugegeben werden, daß manche Ungeschicklichkeit im Ausdruck oder in der Form im deutschen Buch ausgeglichen wird, aber durch dieses Bemühen, auszugleichen und zu feilen, entstehen auch manche neue Angriffsflächen.

In diesem Zusammenhang ist die deutsche Stellungnahme zu der Frage der Art des zu beobachtenden Arbeiters — ob *erstklassiger oder Durchschnittsarbeiter* — und zu der Frage der Ausstreichung der Extremwerte besonders lehrreich.

Auf Seite 20 werden die notwendigen Eigenschaften des Ausführenden, d. h. des zu beobachtenden Arbeiters geschildert. „Auch als Ausführender eignet sich nur ein *erstklassiger* Mensch, der in seiner Spezialtätigkeit derart ausgebildet ist, um *wenigstens über dem Durchschnitt seiner Berufsangehörigen zu stehen.*" Die Arbeiter und Psychologen verlangen nach dem deutschen Buch, daß der *Durchschnittsarbeiter* beobachtet wird, um unmittelbar zu allgemeinen Gebrauchswerten zu gelangen. Auf Seite 20 und 21 wird dieser Standpunkt vertreten, um auf Seite 22 zu folgendem Ergebnis zu kommen: „Aus all diesen Gründen sind wir bei der Feststellung von Zeitnormen nicht in der Lage, auf die Wahl eines guten, *wenn auch nicht des besten* zur Verfügung stehenden Mannes zu verzichten, passen aber, wie erwähnt, dessen Ergebnisse der Leistungsfähigkeit eines Durchschnittsarbeiters an. . . .“ Auf Seite 41 wird von „durchschnittlich guten Ausführenden“ gesprochen und auf Seite 8 von einem guten Durchschnittsarbeiter!

Die Grundsätze, die aber gerade zur Wahl des allerbesten Arbeiters führen sollten, werden auch hier verkannt! —

Die Ausstreichung der Extremwerte will den deutschen Zeitstudienleuten scheinbar selber nicht ganz behagen. Und so finden wir durch das ganze Buch hindurchgehend, an sechs verschiedenen Stellen, Hinweise, Erläuterungen und Erklärungen für die Gründe, die zur Streichung dieser Werte geführt haben.

Der Sachlichkeit halber sollen im nachfolgenden diese sechs Stellen aus dem deutschen Buch zitiert werden:

Auf Seite 34 heißt es:

„Wir kommen nun zur Analyse der Zeitaufnahme. Greifen wir zu diesem Zwecke die siebente Teilarbeit „Wende den Tisch und löse die Befestigung“ heraus, so sehen wir, daß bei den 40 Versuchen die Einzelheiten von 0,03 bis 0,07 schwanken. Die Werte 0,03 stellen Extremwerte dar und werden, weil ein Fehler vorzuliegen scheint[1]), in den Spalten 12 oben und 1 unten gestrichen. Von den übrigen Zeiten stellt sich der Durchschnitt auf 0,0505 Minuten, der in der dafür vorgesehenen Spalte eingetragen wird.“

Die Aufmerksamkeit sei hier nur auf die Tatsache gelenkt, daß die Streichung durch die scheinbare Möglichkeit eines Fehlers gerechtfertigt wird. Trotz der „wissenschaftlichen“ Zeitstudien wird der Ursache nicht nachgegangen. Und dann werden die übrigbleibenden Werte in einer vierstelligen Dezimalzahl ausgedrückt! Den gleichen Fall erlebten wir im vorigen Kapitel bei der Besprechung des amerikanischen Stoppuhrverfahrens, aber auch hier muß gesagt werden: genauer als die ursprünglichen Angaben, von denen sie abgeleitet sind, werden sie trotzdem nie sein können!

Es heißt dann weiter:

„Gestrichen werden in der Regel die entweder anormal hohen oder, wie im vorliegenden Fall, die anormal niedrigen Werte. Solche,

---

[1]) Die Sperrungen sind von mir vorgenommen. D. Verf.

die im Laufe des Versuches regelmäßig auftreten, geben Gelegenheit, den Ursachen auf den Grund zu gehen. Im übrigen bleibt, da keine allgemeingültige Regel angegeben werden kann, die Wahl der zu streichenden Extremwerte dem Ermessen des Beobachters vorbehalten, der nur darauf achten muß, einen guten Durchschnitt (Mittel) zu erhalten. Sie können sowohl auf Ablesungsfehler, anormale Arbeitsunterlagen als auch auf unkorrektes Verhalten des Ausführenden zurückgeführt werden. (Das alles stellt doch dem Verfahren, das vorher alles normalisieren wollte, kein sehr gutes Zeugnis aus. D. Verf.). Es ist deshalb unwahrscheinlich, daß sie sich im normalen Gang der Arbeit wiederholen. Streichungen von Extremwerten, die entweder 25 vH unter oder 30 vH über dem Durchschnitt liegen, führen meist zu gebräuchlichen Durchschnitten."

Es ist wohl nicht nötig, im einzelnen auf diese an und für sich äußerst vagen und sehr vorsichtig abgefaßten Ausführungen einzugehen. In dem vorhergehenden Abschnitt ist diese Frage ja bereits des Näheren beleuchtet worden; die hier gegebenen Richtlinien sind so wenig stichhaltig, daß sie wohl ohne weiteres auffallen müssen. Ist der ganze Zweck der Zeitstudie nur, zu mehr oder minder richtigen Durchschnitten zu kommen, und dieses Ergebnis auch von dem persönlichen Urteil des jeweiligen Beobachters abhängig zu machen, so ist zwischen dem früheren Kalkulator und dem „wissenschaftlichen" Zeitstudienmann wirklich kein sehr großer Unterschied!

Auf Seite 35 wird eine graphische Darstellung der Versuchsergebnisse einer Teilarbeitszeit mit Berücksichtigung des Einflusses der gestrichenen Extremwerte gegeben und auf Seite 41 heißt es dann weiter:

„Ein anderer kürzerer Weg, um einen ähnlichen Ausgleichsfaktor zu ermitteln, wäre, wie auf S. 13 erwähnt, der, die Summe der Durchschnitte durch die Summe der Minima zu dividieren. Dieser Weg kann aber nicht empfohlen werden, da sonst die Übersicht über die Fluktuation der Einzelabweichungen verloren ginge, die wichtige Fingerzeige bieten, um zu erkennen, bei welchen Elementen die größte Abweichung und deshalb auch die beste Möglichkeit besteht, Verbesserungen einzuführen, die man von dem Beobachter als Selbstverständlichkeit erwartet. Aus diesem wichtigen Grunde können wir auf die Feststellung der Einzelabweichung nicht verzichten."

Beim flüchtigen Lesen dieser Ausführungen wird man ohne weiteres damit einverstanden sein können; Einwände wird man erst dann erheben, wenn man erkennt, daß diese „Einzelabweichung" bereits ein Durchschnittswert ist, bei dem Extremwerte schon gestrichen wurden! Die Erkenntnis von der Bedeutung der „wichtigen Fingerzeige" muß daher als etwas verspätet angesehen werden!

Auf Seite 43 heißt es u. a.

(Es wird auf die Abb. 10, „Die Zeitaufnahme einer Bohrarbeit" Bezug genommen.) „Der Arbeiter ist gut eingeübt und in seiner Leistung gerade kein hervorragend tüchtiger Mann, was auch bei einem derartigen Übungsgrad keine große Rolle spielt und auch nicht gewünscht wird, da keine Rekordleistungen aufgestellt werden sollen. Die Teilarbeiten sind in verhältnismäßig großen Schritten untersucht, was hier unbedenklich geschehen konnte, da sich die Schwankungen in zulässigen Grenzen bewegen. Wie die letzte Teilarbeit „Ablegen" ergibt, ist allerdings eine Schwankung von etwa 35 vH vorhanden, die immerhin Gelegenheit zur Verbesserung gegeben hätte. An dieser Stelle ist der „Fingerzeig", den die Methode liefert, deutlich zu erkennen. Allerdings nur ein solcher. Der Beobachter muß selbst so viel Fachmann sein, um aus diesem Hinweis Verbesserungen abzuleiten."

Auch dieser Abschnitt redet wohl seine eigene Sprache: Der Fingerzeig, der so sehr deutlich gegeben wurde, ist nicht einmal beachtet worden! Von einem streng systematischen Verfahren kann hier wohl nicht mehr die Rede sein!

Und ganz zum Schluß des Buches, auf Seite 159, wird dieser wunde Punkt noch einmal berührt.

„Die Praxis der Zeitstudie wird großzügig genug sein, um kleinliche Bedenken der Wissenschaft abzustoßen, die vielleicht vom theoretischen Standpunkt aus betrachtet, als unbedingt erforderlich angesehen werden können — ich erinnere hier an eine unterschiedliche Auffassung über das Streichen der Extremwerte —, meist Punkte, die bei einer verständigen Berücksichtigung für die Praxis meist von verhältnismäßig untergeordneter Bedeutung sind."

Auf Seite 36 wird in einer Fußnote auf die im vorigen Abschnitt auf Seite 47 erwähnte Arbeit von Lipmann, Institut für angewandte Psychologie, hingewiesen, der die Berechtigung für die Ausstreichung der Extremwerte zugegeben haben soll. Berechtigung der Ausstreichung von Extremwerten wird für gewisse Fälle auch ohne weiteres zugestanden, was aber nichts an dem Kern der Sache, um die es hier geht, ändert! Die Extremwerte in diesem Fall sollen, was schon wiederholt hervorgehoben wurde, den Weg zu dem einen besten Verfahren weisen; sie sollen

Hilfsmittel und Gefahrsignal sein. Nur wenn das zur Zeit mögliche rationellste Verfahren ermittelt ist, kann von einer wirklichen Anpassung der Ergebnisse an den Durchschnittsarbeiter gesprochen werden. Alle andern Verfahren bleiben auf halbem Wege stehen!

Aber um dieses Ziel zu erreichen, genügt nicht das Stoppuhr-Zeitstudienverfahren; auch Bewegungsstudien gehören hierher!

Und von diesen scheint der Verfasser des deutschen Buches keine sonderlich rechte Vorstellung zu haben, wiewohl er den Ausdruck „Bewegungsstudien" in größtem Umfange braucht. Das wird am treffendsten durch seinen Ausspruch auf Seite 87 bewiesen, wo er von der Bewegungsstudie „als der Königin der Zeitstudie" spricht!

Auf Seite 6 bis 7 heißt es:

„Zur Erklärung der verschiedenen Arten von Zeitstudien wird man vorteilhaft von der Quantität der zu messenden Arbeitszeiten ausgehen. Handelt es sich darum, innerhalb einer gestellten Arbeitsaufgabe Bewegungen bzw. Griffe zu messen oder Komplexe von Griffen, die wir zu Teilarbeit zusammenfassen, so sprechen wir von Bewegungszeitstudien, kurz Bewegungsstudien. Wollen wir dagegen bei einer Zeitmessung von der Beobachtung einer jeden einzelnen Bewegung absehen und größere Gruppen von Teilarbeiten als Leistungseinheiten untersuchen, dann sprechen wir von Leistungszeitstudien oder kurz Leistungsstudien. . ."

Seite 7 bis 8:

„Der Zweck der Zeitstudie ist, unter der Beobachtung der Bewegungen des Arbeiters, zu ermitteln, wie lange eine guter Durchschnittsarbeiter braucht, um eine gegebene Anzahl von Werkstücken fertigzustellen."

Seite 7, Fußnote:

„Den Begriff Bewegungsstudien gebrauchen wir auch im erweiterten Sinne für eine Gruppe von Griffen bzw. Bewegungen, die zu Teilarbeiten zusammengefaßt werden können. Im allgemeinen bezeichnen wir mit Bewegungsstudien solche Zeitstudien, bei denen die größte Einheit, die größte Teilarbeit, sechs Minuten nicht übersteigt. Die untere Grenze, bei der wir die Stunde noch als Maßeinheit verwenden, also bei Leistungsstudien, liegt ebenfalls bei sechs Minuten oder 0,1 Stunden. Es kann nicht gewährleistet werden, daß bei den Bewegungsstudien in besondern Fällen größere Einheiten als sechs Minuten nicht vorkommen, ebenso, wie bei der Leistungsstudie Fälle vorkommen können, in denen kleinere Zeiten als 0,1 Stunden gemessen werden müssen."

Dem aufmerksamen Leser werden ohne weiteres die sich zum Teil widersprechenden, zum Teil nicht präzis und eindeutig genug abgefaßten Erklärungen auffallen. Die richtige Bewegungsstudie, die auch tatsächliche Bewegungs*elemente* mißt, kann bis auf etwa $^1/_{100}$ sec richtig messen, was bei dem Stoppuhrverfahren, mit dem wir es auch hier zu tun haben, nicht möglich ist. Auf die eigentliche Bewegungsstudie im *Gilbreth*schen Sinne — *Gilbreth* ist wohl als die erste Autorität auf diesem Gebiet zu bezeichnen — kommt der Verfasser kurz auf Seite 43 zu sprechen und gibt ihr den Namen *Formzeitstudie* oder *Formstudie*.

„Will man hier einen Schritt weitergehen, dann können die Bewegungen des Arbeiters durch ein Stereogrammbild festgehalten werden, das unter Verwendung von Glühlämpchen, die an den Gelenkpunkten der Hand befestigt sein können, Lichtkurven liefert, aus denen dann auf die zweckmäßige Verbesserung bzw. Verkürzung der Bewegungen geschlossen werden kann. Diese Methode ist nur für eine ausgesprochene Massenfertigung geeignet. Derartige Bilder gestatten einen Einblick in die elementarste Bewegungsformen der Arbeit. *Offenbar* haben wir es hier mit einer verfeinerten Art der Bewegüngsstudie zu tun, bei der durch Einschalten eines Unterbrechers von bestimmter Frequenz in die Stromzuführung, aus der Leuchtdauer der Glühlampe auch der Zeitverlauf der Bewegung beurteilt werden kann."

Auf Seite 44 heißt es:

„Wir erkennen, daß die formale Analyse der Arbeit manchmal eine recht vorteilhafte Ergänzung der mathematisch-analytischen Bewegungsstudie darstellt, wenngleich diese in der Lage ist, mit einfacheren Mitteln, durch das Erkennen des Schwankungsgrades, die Möglichkeit der Anwendung jener erst grundsätzlich zu klären."

Als Beleg dieser Behauptung wird dann ein stark retouchiertes *Gilbreth*sches Bild einer solchen „Formstudie" gegeben. Sie soll auf Grund einer durch die Zeitstudie entdeckten anomalen Schwankung einer Operation nunmehr die Verbesserungsmöglichkeit dieser Arbeit zeigen.

Ein weiterer Beweis der völligen Verkennung der Natur der Bewegungstudie braucht hier wohl nicht gegeben zu werden!

Erst wenn die Zeitstudie durch ganz außergewöhnliche Schwankungen anzeigt, daß etwas ganz und gar nicht in Ordnung ist und wenn diese anomalen Schwankungen nicht als „Extremwerte" ausgestrichen wurden, erst dann wird an eine eventuelle

Formstudie gedacht; und auch diese Möglichkeit soll von dem Urteil des jeweiligen Beobachters abhängen. —

Ganz besonderer Wert wird auf die „Minimamethode“ und die „Zeitnormen“ gelegt!

Die Minimamethode wird nach dem vorliegenden Buch gebildet durch eine Teilung eines Arbeitsganges in gewisse Teilarbeiten, die in einer Reihe von Versuchen studiert werden. Der aus dem Ergebnis einer solchen Reihe von Versuchen einer Teilarbeit gezogene Wert wird Mittelwert genannt; außerdem wird in dieser Versuchsreihe auch ein absolutes Minimum unterschieden. Das Verhältnis von Mittelwert zum absoluten Minimum wird durch die Größe der Schwankung bestimmt; dieses Verhältnis wird als Einzelabweichung bezeichnet, da es die Abweichung einer Teilarbeit abgibt.

Ein sogenannter Ausgleichsfaktor soll das arithmetische Mittel der Einzelabweichung darstellen, der auf festzusetzende Idealzeiten ausgleichend wirken und den Zeitstudienergebnissen „ungerechte Schärfen“ nehmen soll.

Das deutsche Buch fährt dann auf Seite 13 beim weiteren Aufbau des Minimaverfahren wörtlich fort:

„Um nun nach der erfolgten Verbesserung der Arbeitsmethode den verbleibenden Rest von anormalen Schwankungen zu beseitigen und um einen einheitlichen, adäquaten Verlauf der Minima gegenüber den Durchschnitten zu erzielen, wird mit Hilfe des Ausgleichsfaktors als Korrektionswert für jede Teilarbeit ein neues Minimum festgesetzt. Dieses Minimum wird mit Durchschnittsminimum bezeichnet. . . . Auf diese Weise erhalten wir für jede horizontale Reihe von Teilarbeitszeiten ein Durchschnittsminimum, das das gesuchte Optimum darstellt, unter dem eine Teilarbeit bei ganz bestimmten Voraussetzungen geleistet werden kann.

Die Summe der Durchschnittsminima eines Arbeitsganges bezeichnen wir als korrigierte Minimalzeit des Arbeitsganges. . . .

Um zu lebenswahren Häufigkeitsleistungen zu gelangen, wird, wie später gezeigt wird, der Summe der Durchschnittsminima eines Arbeitsganges ein nach der Methode der Häufigkeitswerte ermittelter Zuschlag — hinzugefügt, so daß wir nunmehr die am häufigsten erreichbare Zeit eines Arbeitsganges schreiben können. . .“

Die bei der Minimamethode in Betracht zu ziehenden Faktoren sind also

1. Die Zergliederung der Arbeit in Teilarbeiten,
2. die Ermittlung des Mittelwertes,

3. damit Hand in Hand gehend die Ermittlung des absoluten Minimums,
4. die Ableitung der Einzelabweichung,
5. die Anwendung eines Ausgleichsfaktors,
6. als Korrektionswert für jede Teilarbeit die Bildung eines Durchschnittsminimums,
7. der Summe der Durchschnittsminima (also der „korrigierten“ Minimalzeit, die bereits die anomalen Zeiten oder Einzelheiten fortgelassen hatte) wird noch ein Zuschlag hinzugefügt, um zu „lebenswahren Häufigkeitsleistungen“ zu kommen!

Und ebenso wie das amerikanische Stoppuhrverfahren bezeichnet sich das deutsche als auf „wissenschaftlicher“ Grundlage beruhend!

Über die Unmöglichkeit, mit diesem Verfahren zu wirklichen Normen zu kommen, sei auf die Ausführungen auf S. 26 u. ff. dieser Abhandlung verwiesen.

Aber auch der Verfasser des deutschen Buches hat inbezug auf diese Phase seines Verfahrens doch einige Bedenken. Auf Seite 160 seines Buches schreibt er:

„Die hier entwickelte Theorie dürfte schon das Höchstmaß dessen darstellen, was die Praxis unter den heutigen Verhältnissen, und noch auf lange Zeit hinaus, zu verarbeiten bereit sein wird. Um die ganze Methode in ihrem vollen Ausmaß beurteilen zu können, ist es nicht angängig, etwa nur einen Punkt — z. B. die Durchschnittsminima — herauszugreifen und diese zu kritisieren.“

Mit dieser Behauptung wird sich der erfahrene Praktiker nicht zufrieden geben. Kann sich die Praxis aus diesen oder jenen Gründen nicht mit den neueren Verfahren in vollem Umfang befassen, so soll sie erst gar nicht an die Frage herangehen; halbe Arbeit ist schlimmer als gar keine! Ist sie aber bereit, sich mit diesen Fragen zu beschäftigen, so soll sie sich auch hier mit dem zur Zeit besten Verfahren befreunden. Und wie bereits an früherer Stelle auseinandergesetzt wurde, wird eine völlig objektive Untersuchung der tatsächlichen Kosten der verschiedenen Verfahren zeigen, daß wie in allen andern Sachen so auch hier das beste Verfahren das billigste ist!

Dem Zwecke dieser kleinen Schrift genügt die vorgehende Schilderung des deutschen Verfahrens vollkommen.

Einzelne kleine Abweichungen vom amerikanischen, wie z. B. eine etwas eingeschränkte Anwendungsmöglichkeit der Produktionsstudie, sind im Rahmen der hier gegebenen Kritik unwesentlich.

Nur auf eines sei noch hingewiesen: Der Verfasser erwähnt an verschiedenen Stellen die von ihm durchgeführten jahrelangen Versuche und die von ihm gesammelten Ergebnisse. Aber von den aufgeführten 34 Abbildungen sind aus deutschen Fabriken nur etwa fünf Abbildungen, die in starker Anlehnung an das amerikanische Verfahren entstanden sind.

Die Zeitnormen, die Minimamethode, die aufgeführten Beispiele, die gegebenen Klassifikationen stammen zum Teil in wortgetreuer Übertragung aus dem Amerikanischen. Wie steht es mit den deutschen Erfahrungen? Liegen hier noch gar keine eigenen Ergebnisse vor?

Wenn aber die deutschen Versuche wirklich noch derartig in den Kinderschuhen stecken, so wird das, bei der bekannten deutschen Gewissenhaftigkeit und Gründlichkeit, wohl zum Teil aus Abneigung gegen ein als Halbheit empfundenes Verfahren geschehen sein.

Der Fachmann, der sich eine den heutigen Anforderungen entsprechende Betriebsorganisation schaffen will, soll sich vorurteilslos, sachlich und kritisch den Licht- und Schattenseiten der vielen neuzeitigen Betriebsführungssysteme zuwenden und das für seinen Betrieb günstigste Verfahren wählen. Die vorhandene Kritik darf er nicht übergehen; sie ist für ihn Wegweiser, wie es *nicht* gemacht werden soll.

Aus alledem zeigt sich also klar und deutlich, daß das in Deutschland befürwortete Verfahren mit dem amerikanischen identisch ist. Das zeigt sich auch aus andern deutschen Veröffentlichungen, die auf diesem Gebiet in letzter Zeit erschienen sind.

In Heft 5 des „Betriebes“ vom 10. Dezember 1920 berichtete G. W. *Drescher* auf 128/135 über die „*Anwendung der Zeitstudie im Großbetrieb*“.

Auch hier handelt es sich um das *Taylor-Merrick*sche Verfahren; die in den vorigen Abschnitten erhobenen Einwände gelten in gleicher Weise auch für die in diesem Aufsatz beschriebenen Verfahren. Auch hier werden die Extremzeiten ohne weiteres gestrichen und auch hier wird des längern versucht, dieses Vorgehen zu erklären. —

Lassally in seinem Buch „Bild und Film im Dienste der Technik“[1]) spricht von dem zu beobachtenden „Durchschnittsarbeiter“, ebenso ein Aufsatz von Kurt Österreicher, „Eine Zeitstudie im Tagbergbau“ in der österreichischen „Taylor-Zeitschrift“ vom März 1920.

Das deutsche Verfahren ist, wie gesagt, eine völlige Übernahme des amerikanischen.

Die im Jahre 1919 erschienene deutsche Ausgabe des Frey-Hoxie-Berichtes „Die ‚Wissenschaftliche Betriebsführung‘ und die Arbeiterschaft“ erhebt schwere Angriffe gegen das Zeitstudium, dem sie keine Wissenschaftlichkeit und ein mehr oder minder grobes Schätzen der Zeiten vorwirft.

Die Ausführungen der vorliegenden Arbeit, die in ihr erhobene Anklage gegen das Stoppuhr-Verfahren, die mitunter nicht die Bezeichnung „wissenschaftlich“ rechtfertigende Praxis zeigen, daß die in dem Hoxie-Bericht erhobenen Einwände auch heute noch nicht ganz widerlegt sind. — —

Wie immer betont, sind Bewegungs- und Zeitstudien nur Teile, wenn auch ihrer Bedeutung nach recht wichtige Teile eines Ganzen.

Sie sind die interessanteste und auch die gefährlichste Phase neuzeitiger Betriebsführung. Sie können große Erfolge einbringen, aber sie können auch ungeheuren Schaden anstiften.

Es verlohnt sich, dieser Frage größte Bedeutung beizumessen.

---

[1]) Verlag Knapp-Halle, Bd. II, S. 11.

Anhang.

Literaturverzeichnis.

Ersch.-Jahr	Titel	Verfasser	Verlag
1895	A Piece Rate System, Being a Step toward Partial Solution of the Labor Problem	F. W. Taylor	Proceed. 647 der Americ. Soc. of Mechan. Eng.
1901	A Bonus System of Rewarding Labor.	H. L. Gantt	Proceed. 928
1903	Shop Management	F. W. Taylor	Proceed. 1003
1909	Die Betriebsleitung	Taylor-Wallichs	Julius Springer, Berlin
1906	On the Art of Cutting Metals	F. W. Taylor	Americ. Soc. of Mech. Engin. Transactions, Bd. 28, S. 31-350
1908	Über Dreharbeit und Werkzeugstähle	Taylor-Wallichs	Julius Springer, Berlin
1909	Bricklaying System	Frank B. Gilbreth	The Myron C. Clark Publ. Co., New York
1910	Work, Wages and Profits	H. L. Gantt	Engg. Magazine Co., New York
1911	Motion Study	Frank B. Gilbreth	D. van Nostrand New York
1921	Bewegungsstudien	Gilbreth-Colin Ross	Julius Springer, Berlin
1911	The Principles of Sc. Mgt.	F. W. Taylor	Harper & Bros., New York
1912	Die Grundsätze wissenschaftlicher Betriebsführung	Taylor-Roesler	R. Oldenbourg, München
1912	Primer of Scientific Management	Frank B. Gilbreth	D. van Nostrand New York
1917	Das ABC der wissenschaftl. Betriebsführung	Gilbreth-Colin Ross	Julius Springer, Berlin
1912	Addresses and Discussions at the Conference on Sc. Mgt. Oct. 12-14, Dartmouth College		Hanover, N. H.

Ersch.-Jahr	Titel	Verfasser	Verlag
1913	Industrielle Betriebsführung; Betriebsführung u. Betriebswissenschaft (Leipz. Tagung d. V. D. I. über Betriebswissenschaft 1912)	J. M. Dodge G. Schlesinger	Julius Springer, Berlin
1913	Society for the Promotion of Engg. Education, Betriebswissenschaftl. Tagung unter Vorsitz von F. B. Gilbreth		Ithaca, N. Y.
1914	The Psychology of Management	L. M. Gilbreth	The Macmillan Co., New York
1921	Verwaltungspsychologie	Gilbreth-Witte	Verlag V. D. I. (erscheint im Juni 1921)
1914	Aus der Praxis des Taylorsystems	Rudolf Seubert	Julius Springer, Berlin
1916	Fatigue Study	F. B. u. L. M. Gilbreth	Macmillan Co., New York
1921	Ermüdungsstudium	Gilbreth-Witte	Verlag V. D. I., Berlin
1917	Applied Motion Study	F. B. u. L. M. Gilbreth	Macmillan Co., New York
1920	Angew. Bewegungsstudien	Gilbreth-Witte	Verlag V. D. I., Berlin
1919	Was will Taylor?	W. Hellmich	Verlag V. D. I., Berlin
1919	Die „wissenschaftl." Betriebsführung" und die Arbeiterschaft	Frey-Breslauer	P. E. Lindners Verl., Leipzig
1919	Time Studies as a Basis for Rate Setting	D. V. Merrick	Engg. Mag. Co., New York
1920	Wie macht man Zeitstudien?	Ed. Michel	Verlag V. D. I., Berlin
1918	Scientific Management	Horace Bookwalter Drury	Columbia University, New York
1920	Motion Study for the Handicapped	F. B. u. L. M. Gilbreth	E. P. Dutton & Co., New York G. Routledge & Sons, London
1920	Efficiency Methods	M. u. A. D. Mc Killop	Routledge & Sons, London
1921	Suggested Lines of Research in Epilepsy	L. A. Dawson	Bisher unveröffentl. Vortrag.

Ersch.-Jahr	Titel
1921	Industrial Education, Complete Report of the Proceedings of the Fall Convention of the Society of Industrial Engineers, Nov. 1920, Pittsburgh

Aus diesem Bericht sind besonders hervorzuheben:

The Part of Psychology and Psychiatry in Industry — Rob. Mac Dougall

Definition of Industrial Medicine — Otto P. Geier

The Industrial Physician as an Educational Factor — Th. Darlington

Psychotechnik und Taylor-System. Von **K. A. Tramm**, Betriebsingenieur in Berlin. In zwei Bänden.

I. Band: **Arbeitsuntersuchungen.** Mit 89 Textabbildungen.
Preis M. 24.—; gebunden M. 29.—

II. Band: **Grundzüge der Eignungsuntersuchung, der Einstellung, Ausbildung und Überwachung des Arbeiters und die sonstigen Anwendungen der Arbeitswissenschaft.** In Vorbereitung

Über psychologische Berufseignungsprüfungen für Verkehrsberufe. Eine Begutachtung ihres theoretischen und praktischen Wertes, erläutert durch eine Untersuchung von Straßenbahnführern. Von Dr. phil. et med. **Alex Schackwitz**, Kiel. Mit einer Abbildung. Preis M. 38.—

Die Experimentalpsychologie im Dienste des Wirtschaftslebens. Von Privatdozent Dr. **Walther Moede.** Zweite, neubearbeitete Auflage, ergänzt durch Hinzufügung des Abschnittes über: **Rationalisierung der Arbeits-, Anlern- und Absatzverfahren.** In Vorbereitung

Die Kontrolle in gewerblichen Unternehmungen. Grundzüge der Kontrolltechnik. Von Dr.-Ing. **Werner Grull**, beratender Ingenieur für geschäftliche Organisation, technisch-wirtschaftliche und technisch-rechtliche Fragen, beeidigter und öffentlich angestellter Bücherrevisor, München. Mit 89 Textfiguren.
Gebunden Preis M. 64.—

Grundlagen der Arbeitsorganisation im Betriebe, mit besonderer Berücksichtigung der Verkehrstechnik. Von Dr.-Ing. **Johannes Riedel**, Dresden. Mit 12 Textfiguren. Preis M. 6.—

Einführung in die Organisation von Maschinenfabriken unter besonderer Berücksichtigung der Selbstkostenberechnung. Von Dipl.-Ing. **Friedrich Meyenberg**, Berlin. Zweite, durchgesehene und erweiterte Auflage.
Gebunden Preis M. 10.—

Fabrikorganisation, Fabrikbuchführung und Selbstkostenberechnung der **Firma Ludw. Loewe & Co., A.-G., Berlin.** Mit Genehmigung der Direktion zusammengestellt und erläutert von **J. Lilienthal.** Mit einem Vorwort von Dr.-Ing. **G. Schlesinger**, Professor an der Technischen Hochschule zu Berlin. Zweite, durchgesehene und vermehrte Auflage Unveränderter Neudruck
Gebunden Preis M. 22.—

Der Fabrikbetrieb. Praktische Anleitungen zur Anlage und Verwaltung von Maschinenfabriken und ähnlichen Betrieben sowie zur Kalkulation und Lohnverrechnung. Von **Albert Ballewski.** Dritte, vermehrte und verbesserte Auflage bearbeitet von **C. M. Lewin**, beratender Ingenieur für Fabrikorganisation in Berlin. Zweiter, unveränderter Neudruck. **Gebunden Preis M. 10.—**

Hierzu Teuerungszuschläge

GPSR Compliance

The European Union's (EU) General Product Safety Regulation (GPSR) is a set of rules that requires consumer products to be safe and our obligations to ensure this.

If you have any concerns about our products, you can contact us on ProductSafety@springernature.com

In case Publisher is established outside the EU, the EU authorized representative is:

Springer Nature Customer Service Center GmbH
Europaplatz 3
69115 Heidelberg, Germany

Batch number: 10844639

Printed by Printforce, the Netherlands